Usa tus tres cerebros
Psicología autosustentable

Usa tus tres cerebros
Psicología autosustentable

Dile adiós a tus emociones negativas

Federico Pérez Castillo

EL LIBRO MUERE CUANDO LO FOTOCOPIAN

Amigo lector:

La obra que tiene en sus manos es muy valiosa. Su autor vertió en ella conocimientos, experiencia y años de trabajo. El editor ha procurado una presentación digna de su contenido y pone su empeño y recursos para difundirla ampliamente, por medio de su red de comercialización.

Cuando usted fotocopia este libro o adquiere una copia "pirata" o fotocopia ilegal del mismo, el autor y editor no perciben lo que les permite recuperar la inversión que han realizado.

La reproducción no autorizada de obras protegidas por el derecho de autor desalienta la creatividad y limita la difusión de la cultura, además de ser un delito.

Si usted necesita un ejemplar del libro y no le es posible conseguirlo, escríbanos o llámenos. Lo atenderemos con gusto.

EDITORIAL PAX MÉXICO

❦

Título de la obra: *Usa tus tres cerebros. Psicología autosustentable*

COORDINACIÓN EDITORIAL: Danú Hernández Jiménez
PORTADA: Víctor M. Santos Gally
DIAGRAMACIÓN: Ediámac

© 2016 Editorial Pax México, Librería Carlos Cesarman, S.A.
    Av. Cuauhtémoc 1430
    Col. Santa Cruz Atoyac
    México DF 03310
    Tel. 5605 7677
    Fax 5605 7600
    www.editorialpax.com

Primera edición
ISBN 978-607-9472-03-0
Reservados todos los derechos
Impreso en México / *Printed in Mexico*

*A Mariana, mi hija,
con todo mi amor.
No por azar llegaste,
sino para dar testimonio.*

*No pasa nada por no ser creyente,
pero sí es necesario ser
una persona afectuosa y no utilizar
nuestra mente de manera destructiva.*
Dalai Lama

*La locura no es el resultado de la duda,
sino de la certeza.*
Friedrich Nietzsche

Índice

Agradecimientos xi
Introducción xiii

Capítulo I. ¿A qué venimos? 1
   Mente y realidad 1
   ¿Dónde se encuentra la felicidad? 3
   Excesos versus felicidad 5
   ¿Quién lleva el control? 6
   Ansiedad y evasión 9
   Vivir conscientemente 13

Capítulo II. Lo aparente de lo aparente 15
   La mente confusa 15
   Un mundo, muchas realidades 17
   Percepción 18
   ¿Qué hacer? 21

Capítulo III. ¿Qué parte del cerebro decide su vida? 23
   Tenemos tres cerebros en uno 23
   Cerebro del ser humano 24
   El sistema reptiliano 24
   El sistema límbico 26
   La neocorteza cerebral 28
   Diferencias y similitudes del humano y otros animales 29
   Funciones de los tres cerebros en los humanos 30
   Nuestra mente es infinita y luminosa 34
   Ira, apego e ignorancia 36

Capítulo IV. Lo aparente de lo oculto 39
    Amenaza a la integridad física y emocional 39
    Amenaza a la procreación y crianza 40
    Amenaza a la creación y conservación del territorio 42
    Amenaza a la sexualidad y al amor 43
    ¿Por qué pensamos negativamente? 45
    Un ejemplo: la agresión en el juego de Lorena Ochoa 46

Capítulo V. El poder oculto de la mente 51
    La psicología autosustentable 51
    Diseñe su mente 52
    Detener el diálogo interno 53
    Imágenes que nos hacen sufrir 54
    Emociones, felicidad y salud 56

Capítulo VI. Lo oculto de lo aparente 61
    Armonía con los demás 61
    Las dificultades no son problemas 63
    Un abogado no es un abogado 67
    Los virus de la familia 69
    Neuronas espejo 74

Capítulo VII. Lo oculto de lo oculto 77
    El ego decide 77
    Pautas perceptuales 80
    Lo bueno, lo malo y lo indiferente 82
    La naturaleza del ego 85
    Ética budista 90
    Citas Tao 93
    Última nota 94

Notas 99
Bibliografía 107
Acerca del autor 111

Agradecimientos

*La ciencia puede funcionar
sin espiritualidad.
La espiritualidad puede existir sin la ciencia.
Pero el hombre, para ser completo,
necesita de ambas.*
Trinh Xuan Thuan

En este libro encontrarás ideas, conceptos y novedosas técnicas inspiradas principalmente por el budismo, la psicología evolucionista, las neurociencias, el enfoque sistémico y mis hallazgos en 40 años de experiencia como investigador y psicoterapeuta.

El objetivo de esta obra es que cualquier persona pueda leerla y aplicarla en la vida cotidiana. He puesto gran énfasis en la explicación de las ideas y las técnicas para comprenderlas plenamente y sean motor de cambio verdadero.

Para todos los autores, muy especialmente para los maestros budistas de los que tantas enseñanzas recibí, y para mis pacientes, mi más profundo agradecimiento.

Todos los nombres que aparecen en esta obra fueron cambiados, excepto el de la golfista Lorena Ochoa, a quien le doy las gracias por su autorización para mencionarlo.

A Mariana Perez Villoro mi más sensible reconocimiento por su invaluable acompañamiento, dedicación y profesionalismo en sus múltiples revisiones y acotaciones al texto.

Introducción

Si me hubieran dicho que se podía acabar con cualquier emoción negativa en una hora, habría pensado, seguramente como usted, que eso era una mentira o que los síntomas aparecerían más tarde o de otra manera.

Aquí descubrirá que eso no solo es posible sino que lograrlo es más sencillo de lo que hasta ahora habíamos imaginado; y una vez que haya terminado de leer este libro y aplicado las técnicas que aparecen en el "Programa básico de psicología autosustentable", comprobará, y lo digo con humildad y sorpresa, aún para mí después de cinco años de probarlo, que esta metodología es profunda y, al mismo tiempo, eficaz; por supuesto, científica, en el sentido de que cualquier persona, con mayor razón los expertos en las emociones y la mente, pueden aplicarla incluso para beneficiar a los demás.

Es también importante decir que una vez provocado el cambio en las personas este se vuelve autosustentable, ya que no requiere sesiones de seguimiento o de reforzar los resultados obtenidos.

En la primera parte de este escrito nos adentraremos en cómo es, para la Psicología Autosustentable (PAS), la naturaleza de la mente, sus principios científicos y filosóficos y en la segunda, "Programa básico de psicología autosustentable", veremos cuáles son algunas de sus técnicas y estrategias para el cambio.

Para lograr este objetivo es importante saber el porqué y el cómo sufrimos y amamos, pero también qué podemos hacer para estar alegres y ser felices.

Todos los seres humanos nos hemos confundido muchas veces y algunos hemos aprendido a no cometer el mismo error. También en infinidad de ocasiones hemos tratado de culpar a otra persona para no hacernos responsables de nuestras acciones, y en ese intento fallido nos engañamos y perdemos la oportunidad de aprender.

Cuando dejamos de criticar a los demás y de pensar que estamos esencialmente mal se manifiesta en nuestra mente una liberación estructural que mitiga el sufrimiento. Se abre un espacio evolutivo. Un espacio en donde el ser humano es capaz de acabar con sus aflicciones emocionales de manera eficaz, autónoma y autosustentable.

Se trata de estar atento, de ser sensiblemente natural ante los demás, el mundo y la vida. No hay actor, escenario ni público, todos somos el mismo personaje.

Mi territorio, mi integridad, mis hijos, mis bienes, mi sexualidad, mis instintos seden espacios a conceptos más amplios e incluyentes cuando usamos la parte más desarrollada, y hasta ahora oculta, de nuestra mente.

Habremos de utilizar cada vez más nuestro sistema límbico, que es la parte del cerebro donde se generan nuestros más nobles sentimientos, y la neocorteza, la última capa neural que origina y conoce lo que es la nobleza, la compasión, el amor desinteresado, responsable y profundo. Solo así podremos aspirar a ser felices. Esta es la primera y la última motivación de PAS, ya que somos nosotros mismos quienes diseñamos nuestro cerebro, nuestra mente, nuestro destino.

En ciertas prácticas profesionales es común encontrar relaciones de codependencia entre los expertos de la salud y los pacientes que recurren a ellos; los primeros dependen económicamente de sus pacientes, y los segundos dependen emocionalmente de los primeros, tienen miedo, ansiedad o tristeza y creen no poder enfrentar satisfactoriamente sus dificultades sin la ayuda de sus psicoterapeutas o psicoanalistas.

Sin embargo, casi todas las personas tenemos en nuestro cerebro el potencial para ser libres de tales sentimientos, la mayoría de las veces innecesarios; tenemos en nuestra mente un poder, hasta ahora oculto, que de utilizarse no requeriríamos establecer procesos de ayuda tan largos para ser emocionalmente libres.

Capítulo I

¿A qué venimos?

Mente y realidad

*Dar sentido a la vida nos hace felices,
más que vivir de placer en placer.*
John Stuart Mill

Ninguna persona puede vivir sin tener una mente, un espejo que refleje lo que está sucediendo "allá fuera" y "aquí dentro". Espejo que por tener intencionalidad no es fiel a lo que percibe.

Darnos cuenta de que tenemos una mente, la cual se reinventa a sí misma, es una de las características más importantes de lo que llamamos *autoconciencia*. Esta singularidad nos permite aspirar a tener una mente mejor sin esperar que la evolución lo haga lentamente.

Pensar bien no es equiparable a tener una buena casa, un cuerpo sano y fuerte, una inteligencia refinada, una buena educación o un alto nivel cultural.[1] Aunque todo ello es bueno y deseable, resulta poco si lo comparamos con el desarrollo de una mente clara y sabia que perciba con mayor fidelidad y compasión el mundo que nos rodea. Tenzin Gyatso, el Dalai Lama, en su libro *Compasión y no violencia* (2000) nos recuerda que "sin estabilidad mental interna o actitud correcta, no podemos ser felices [...] aunque estemos rodeados de los mejores amigos o de las mayores comodidades". Un espejo limpio, sin manchas, rencores, ni sufrimiento refleja mejor la realidad que otro que la distorsiona.

La importancia de la mente, ya no digamos de una mente clara, no ha sido en nuestra cultura suficientemente valorada.

Podemos reconocer pequeñas sutilezas como la forma de la boca, los ojos o las cejas, el tipo de cabello o hasta una pequeña cicatriz en el rostro de las personas, pero no percibimos bien las enormes diferencias en las maneras en que sus mentes perciben el mundo. Nos dejamos llevar por los rasgos externos. Solemos dejarnos influir por nuestros impulsos, por la apariencia física y los bienes materiales para elegir pareja, socios, amigos, compañeros, más que por la calidad de la mente y el corazón de esas personas.

Gracias a nuestra psique podemos ver, entender, experimentar el mundo externo e interno en el cual vivimos. Por lo tanto, una mente clara es la mejor herramienta de la que podemos disponer para interactuar adecuadamente con el entorno y los demás.

Aunque nuestro cuerpo y nuestra mente son inseparables, la naturaleza de la mente es diferente a la del cuerpo. La psique no está constituida por músculos, huesos y venas; ni siquiera por moléculas o átomos. No es blanda, ni posee un color, ni tiene peso. Tampoco forma ni textura. Sin embargo, es capaz de percibir las características físicas del cuerpo.

Los átomos no pueden conocer nada. La habilidad de conocer el mundo deriva de la interacción entre la mente y el cuerpo. Sin embargo, es nuestra mente la creadora de las experiencias que tienen significado en nuestra vida.

Las acciones cotidianas son el resultado de la intención de la mente sobre el cuerpo que ejecuta, habla, calla, besa, golpea, se mueve, actúa, y las acciones determinan los resultados que obtenemos. Es también importante porque interpreta todo lo que vivimos. Es nuestra mente la que dice si alguien es alto, amable o insoportable.

Generalmente pensamos que todas las cosas por las que sufrimos provienen de fuera. Si nuestra pareja "nos insulta" o "nos manipula" aseguramos que el daño viene de los conceptos, palabras, volumen y tono que la persona utilizó. Pero si lo pensamos con detenimiento, nos daremos cuenta de que esas palabras y tonos específicos son vibraciones sonoras que han impactado nuestro tímpano, de la misma manera que impactarían el tímpano de cualquier otra persona.

El problema surge no en el cuerpo ni en las estructuras de nuestro oído, ni por el volumen o el tono de voz de la otra persona, sino por la forma específica en que nuestra mente interpreta tales vibraciones: "no me está tomando en cuenta", "siempre me hace sentir culpable".[2]

Es posible que para cualquier otra persona la causa de nuestro enojo o tristeza no sea para ella la fuente de emociones análogas. Esa otra persona requiere otro volumen, otras vibraciones sonoras, otras palabras, otra historia personal, para que su mente se vea tan afectada como la nuestra; así es que mi causa de sufrimiento no es la causa de todos, es una causa enteramente subjetiva, interpretada por la sensibilidad específica de mi psique. Por lo tanto, si deseamos detener el sufrimiento, sea propio o ajeno, habremos de cambiar la mente de quien sufre.

¿Dónde se encuentra la felicidad?

> *Lo que hagas será insignificante,*
> *pero es muy importante que lo hagas.*
> Mahatma Gandhi

Los más serios enfoques psicológicos, filosóficos y religiosos no señalan a los asuntos mundanos como fuente de nuestra felicidad, más bien han considerado que la búsqueda acentuada de tales aspectos nos conduce al sufrimiento.

Es importante recordar que nuestros sentidos no perciben de la misma manera aquello que se mantiene constante durante cierto tiempo, incluso, por ejemplo, la sensación de una caricia de una madre a su bebé, que al principio es placentera, si se mantiene de la misma forma en movimiento, intención, presión y extensión de la piel que toca, desaparecerá, y al poco tiempo puede llegar a ser molesta e incómoda.

Cuando deseamos intensamente un auto nuevo y vamos a una agencia a comprarlo, sentimos una emoción muy agradable. Después de tres o cuatro meses notamos que la emoción y el gusto que sentimos al usar el automóvil han empezado a disminuir. Nos acostumbramos a él, dejamos de percibir los beneficios que antes de adquirirlo eran muy notorios. Lo mismo sucede con la ropa o una computadora. Olvidamos el placer que sentimos cuando nos cambiamos a una casa nueva mucho antes de que terminemos de pagarla. Si recibimos un aumento mensual por nuestro trabajo,* al poco tiempo ya no lo valoramos como al prin-

---

* Un aumento de sueldo y la adquisición de una casa, además de proporcionar placer, también están relacionados con la satisfacción de necesidades e impulsos básicos como la seguridad, el territorio, el cuidado del organismo y la crianza.

cipio. Deseamos y necesitamos más para volver a sentir el mismo grado de placer que nos daba hace meses recibir un poco menos.[3]

También fácilmente nos acostumbramos a recibir todo lo positivo que nos dan los demás, dejamos de notar el apoyo, el cariño, el dinero, la ternura que quienes viven con nosotros cotidianamente nos otorgan; dejamos de valorarlo, y a veces llegamos a considerar que es su deber dar lo que nos dan. Es común que si nuestra pareja nos ayuda haciendo algo que es nuestra responsabilidad, lo agradezcamos; pero si lo hace cotidianamente dejamos de dar las gracias, y si un día ya no nos apoya, nos enojamos.

Nuestra mente nos hace ver las cosas muy parecidas de un día a otro y de una semana a otra. Desarrolla la idea de igualdad. Cuando pasa el tiempo nos convence de que nuestras ideas, los objetos, nuestro cuerpo, permanecen inalterables. Ante un cambio importante la mente busca que la novedad desaparezca; cuando las cosas parecen iguales, tiende a ignorarlas. Gracias a ello, también es cierto, podemos, por un lado, poner nuestra atención en los nuevos retos de la vida y, por otro, nos ayuda a confiar.[4]

Lo que sucede ante los cambios es que sustituimos las ideas, creencias y valores que teníamos respecto de las pérdidas, por otros, y estos nuevos reducen el conflicto. Los objetos no cambian sustancialmente en tan poco tiempo, es nuestra mente la que los valora diferente.

Hay un experimento muy conocido y dramático sobre la alta posibilidad de dañarnos por el hecho de acostumbrarnos a las cosas que nos perjudican y no reaccionar ante la amenaza o el dolor. Si ponemos una rana en una olla con agua y esta se calienta con la lumbre muy baja durante varios minutos, la rana terminará por cocerse y morir. En cambio, si tenemos una olla con el agua muy caliente y le echamos una rana, el anfibio brincará para salvarse. Cuando los cambios son muy paulatinos dejamos de notarlos, pero no sucede así cuando son bruscos.

En síntesis, si la felicidad no se obtiene por el consumo de los objetos y servicios, que de por sí deseamos que cada vez sean más y mejores, el gozo y la satisfacción que nos producen nunca parecen suficientes, puesto que nos acostumbramos fácilmente a ellos. Es necesario, entonces, aceptar que la satisfacción es un estado del organismo, y la felicidad, un estado más de la mente que del cuerpo.

Excesos *versus* felicidad

Estados Unidos, Gran Bretaña y Japón en los últimos 50 años; China e India, en los 15 más recientes, han multiplicado por dos sus ingresos *per cápita* y no son doblemente felices. Sus niveles de felicidad se han mantenido más o menos constantes.

Si bien la satisfacción material puede constituir un indicador de felicidad, existen países como México, Colombia, Chile, El Salvador y República Checa, entre otros, que teniendo menos recursos materiales, sus habitantes son tan felices como los de Noruega, Suiza, Gran Bretaña o Estados Unidos, y son más felices que las personas que viven en Italia, Japón, Francia o Alemania. El caso de Costa Rica es ejemplar, ya que con un ingreso más bajo que el de los países citados, en general, su población es más feliz que la todos ellos. Por añadidura, entre 135 naciones encuestadas por *Charities Aid Foundation* y *Gallup*, es Costa Rica el país con las personas más generosa de América Latina; entendiendo generosidad como ayudar, donar dinero y dar su tiempo a personas desconocidas.

El modelo individualista de los países mal llamados "desarrollados" propuso como ideal para su modo de vida la autorrealización.[5] Las personas que siguen pensando que solas pueden lograr ser felices, cada vez están más aisladas y preocupadas por sí mismas, a pesar de tener más bienes que la mayoría de los demás en el mundo. El individualismo fracasó en los países que progresan demasiado en términos materiales porque esto no logró aumentar la felicidad. Sus habitantes viven más inseguros y estresados por conseguir más bienes y servicios; es una carrera competitiva que parece no tener fin.

Las personas que viven en las grandes ciudades están casi siempre atareadas o preocupadas corriendo a una cita de negocios, contestando celulares, frente a una computadora, arriba de un auto o trabajando en una oficina.

Aunque el nivel económico en Estados Unidos es muy alto (y las personas de otros países suponen que los norteamericanos viven muy felices), su Administración de Servicios de Salud Mental informó en el año 2011 que 30% de los jóvenes, de tan solo 18 a 25 años de edad, padecen alguna enfermedad mental. Ello, obviamente, reduce sus estándares de felicidad.

En naciones más pobres como Ucrania, Paquistán, Uganda o Zimbabwe la mayoría de la gente apenas tiene para satisfacer sus más elementales necesidades, y a veces ni eso. Ellos en general no son más felices que las personas que viven en los países más ricos; esto puede deberse no solo a las condiciones de menor satisfacción de las necesidades personales, sino a otros satisfactores sociales que son muy dispares entre los países pobres y los ricos, como un trabajo seguro y digno, el derecho a la salud, a la educación, a la vivienda, al esparcimiento, o a la comida, entre otros. Parece ser que para ser felices, a nivel país, se requiere un mínimo de satisfactores materiales; si no se tiene produce infelicidad.

Reflexionemos. Si los casi siete mil millones de personas que somos en el planeta consumiéramos productos y contamináramos al mundo como lo hacen los países ricos, el precario equilibrio ecológico a nivel global se habría roto hace muchos años. Si la meta de un mayor consumo material es imposible a nivel global y además esto no impacta en la felicidad, ¿qué es lo necesario para ser feliz?

Afortunadamente, la generosidad ha ido en aumento en todo el orbe.

También es importante decir que Estados Unidos y Canadá son los países más filantrópicos; que a nivel mundial los jóvenes son el segmento de la población que más tiempo y dinero da; y que las mujeres siempre están más dispuestas que los hombres a la generosidad.

¿Quién lleva el control?

En las sociedades más dominantes, individualistas y consumistas sigue predominando el mito de que "mientras más tenemos, más felices somos". Muchas personas tienen la firme creencia de que al ser más competitivas obtendrán más riqueza, y como consecuencia comodidad, tiempo, poder, fama, sexo, estatus social, propiedades; y que eso les dará mayor felicidad.

El ser humano se ha vuelto hedonista, desea ávidamente el placer, el gozo del instante aunque sea efímero, ya que con ello, por momentos, no percibe el sufrimiento y se siente ilusoriamente satisfecho por algo que en el instante siguiente ya perdió. Hoy en día sabemos, por las neurociencias, que quien tiene avidez por el dinero y logra ganar fuertes cantidades padece algo semejante a una adicción; en el cerebro se activa, ante tal actitud, la misma zona neurológica que cuando se consume cocaína.

La Universidad de Harvard publicó en 2012 un estudio donde se afirma que hablar sobre uno mismo, y más específicamente "informar a otros de sus propias experiencias subjetivas" genera en el cerebro una recompensa inmediata, similar a comer o tener relaciones sexuales. El estudio mostró que los seres humanos somos capaces de dejar a un lado recompensas materiales con tal de poder revelar a los demás lo que pensamos y sentimos, lo cual significa que le damos más valor a comunicar nuestros sentimientos que a obtener algo a cambio de callarnos.

Nadie está exento. Las personas brillantes pueden ser presas fáciles de los impulsos y las adicciones. Genios con un coeficiente intelectual elevado suelen ser incomprensiblemente arrogantes, insensibles y más torpes en manejar sus afectos que aquellos que lo tienen relativamente más bajo pero tienen una inteligencia emocional más alta.

El número de estos individuos que no han sido buenos cónyuges, amigos, padres, o que incluso se han suicidado porque no desarrollaron su inteligencia emocional, es muy grande. Algunos de los genios, por ejemplo premios Nobel, grandes filósofos y artistas han abandonado a las personas que aman para lograr destacar en sus propósitos particulares.[6] El enorme ego que puede producir ser exitoso social, sexual, deportiva, cultural, política o económicamente, en algunas ocasiones nos impide ver aquello que está más cerca y que es obvio. Mi abuela decía: "cuando el éxito entra por la puerta principal, la felicidad se esconde en el jardín, entre las flores, entre los árboles".

Matthieu Ricard, doctor en biología del Instituto Pasteur de París, relata en su libro *El monje y el filósofo* (2005) haber conocido a destacados intelectuales que le impartieron interesantísimas conferencias, pero "su talento, sus capacidades intelectuales y artísticas no hacían de ellos buenos seres humanos. Un gran poeta puede ser un ladrón, un sabio, alguien infeliz consigo mismo; un artista, un ser lleno de orgullo". El genio manifiesto en un ámbito particular no va acompañado por el altruismo, la bondad o la sinceridad. Este descubrimiento, ligado a lo que él veía en los monjes tibetanos, lo llevó a renunciar a su modo de vida e irse al Tíbet y volverse un hombre más feliz y sabio.

Hace algunos años, dos de los hombres más ricos del mundo donaron 50% de sus fortunas (de 100 mil millones de dólares que poseían conjuntamente) para crear fundaciones que tienen como propósito ayudar a los que menos tienen. ¿Qué sucedió con Bill Gates y Warren Buffet? Tal vez se dieron cuenta de que ese tipo de riqueza no podía quitarles las preocupaciones, la frustración, el estrés, el miedo o las presiones que tenían. La enorme riqueza material que poseían no los hacía más felices. ¿Por qué entonces pusieron tanto empeño y tiempo para tener muchísimo más de lo necesario? Es cierto que todos requerimos satisfacer nuestras necesidades materiales para poder vivir, pero la distancia entre lo que necesitamos y lo que ambicionamos puede ser enorme. El simple hecho de que "lo pago con mi dinero" o "lo quiero" no justifica los hábitos de consumo desmedido ni la avidez que a veces sentimos por obtener placer o confort.

Millones de personas no tienen asegurada la educación de sus hijos, una vivienda digna, el alimento del día para su familia y gastan sus pocos recursos de manera impulsiva en ir de compras para adquirir un bien superfluo o algo que no necesitan.

Supongamos que esta noche juega la Selección Mexicana de Futbol contra la Selección de Brasil. Te has preparado con tu familia para disfrutar del encuentro por TV. Son las siete de la noche, vas al supermercado a comprar refrescos y te das cuenta de que en un estante hay en oferta una enorme bolsa de cacahuates salados con limón, justo los que más te gustan, es la última, y aunque ya estabas llegando a la caja, la imagen de los cacahuates preferidos te evoca recuerdos y sentimientos placenteros que tú has vivido en otras ocasiones. Originalmente no deseabas cacahuates, sino pasar un rato agradable con tu familia, pero el deseo surge del estímulo externo, el recuerdo y de la sensación placentera. "Mmmm... cacahuates", te dices en silencio mientras salivas, "con limón y sal". Tu mente, que estaba apacible, se agita y busca más sensaciones placenteras asociadas a ese estímulo. "Les voy a llevar estos exquisitos cacahuates", "mi esposa también a veces los come", "¡qué rico es comer estos cacahuates saladitos!", luego viene la decisión: "¡me los llevo!". Y después el apego y la invención de mitos: "¡Claro, es la última bolsa, seguro es para mí!". Regresas al pasillo de los cacahuates y, cuando estás a punto de tomar la bolsa, te das cuenta de que al lado de los cacahuates hay una mano de otro cliente, que porta un lujoso reloj que escudriña entre *tu bolsa* y otras bolsas de otras marcas de cacahuates. Arrebatado por el miedo de perderla, súbitamente la tomas, ante los ojos atónitos del otro cliente y te apresuras a regresar hacia la caja, mientras la otra persona te mira extrañada y con recelo. Cuando sacas el dinero de tu cartera, piensas: "Si no me pongo listo, me la gana, así son de aprovechados los ricos". En el hipotético caso de que el otro cliente te siguiera hasta tu auto y se acercara a decirte algo, quizá pienses: "¡Qué descaro, adentro del súper quería arrebatarme mis cacahuates y ahora viene a reclamarme!". Imagina qué acciones podrían suscitarse por tu diálogo interno negativo y apego egoísta de esa noche en que intentabas ver tranquilamente el futbol con tu familia.

Cuando la avidez y la desesperación surgen en nuestra mente, las actitudes mezquinas son casi inevitables. Por el ansia de tener algo tan insulso, como la última blusa en "un día de ofertas", un lugar preferente en una larga fila, o unos cacahuates, podemos ser fácilmente iracundos y antisociales. Cuando el apego y la avidez son activados para poseer objetos muy caros, ajenos, cometer adulterio, imponer los caprichos de nuestros hijos a los hijos de los demás, ser famosos o poderosos, y estamos dispuestos a cometer atropellos para cumplir esos deseos, entonces los riesgos son mayores, y muy probablemente acarreen como resultado más arrogancia, celos, sufrimiento e incluso violencia.

Ansiedad y evasión

Daniel Goleman en *La inteligencia emocional* (2007) cita una investigación que el psicólogo Walter Mischel realizó en el jardín de niños del Campus de la Universidad de Stanford en los años sesenta. A varios niños de cuatro años de edad que se encontraban en habitaciones separadas, uno de los investigadores les dijo: "Si esperas a que regrese (15 o 20 minutos) recibirás dos dulces; si no, de todas maneras, este que pongo aquí en la mesa es tuyo". Algunos niños fueron capaces de esperar que regresara el investigador. Para resistir el impulso de comer se taparon los ojos, se distrajeron cantando, jugando con manos y pies, y hasta intentaron dormir. Los niños que pudieron postergar el impulso de comer el dulce, recibieron otro. Los más impulsivos, a los pocos segundos de que salió el experimentador se comieron el dulce.

Cuando los participantes en el experimento llegaron a la edad de 18 años aproximadamente, los observaron de nuevo. Las diferencias entre los que de niños aprendieron a esperar y no tener avidez y los que buscaron satisfacer rápidamente su impulso fueron realmente notables. Los que tuvieron paciencia eran más competentes socialmente, más eficaces, seguros de sí mismos y desarrollaron más capacidades para enfrentarse a las adversidades de la vida. Soportaban mejor la tensión, la presión de sus compañeros, eran más aptos para organizarse y aceptar desafíos sin renunciar a lo que deseaban, manifestaban actitudes confiables, tomaban iniciativas.

A los 28 años de edad eran igualmente capaces de postergar los impulsos para lograr objetivos más sublimes. Por su parte, los jóvenes que no aprendieron a esperar fueron más conflictivos, indecisos, desconfiados, resentidos "porque el mundo no les daba suficiente", malagradecidos, inestables, envidiosos e incluso agresivos. Siguieron siendo incapaces de ser tolerantes, compasivos y de postergar la gratificación.

Siempre resultará agradable y esperanzador encontrar niños de cuatro años de edad que puedan controlar mejor los impulsos esenciales que incluso algunos adultos no pueden postergar. Estos niños fueron capaces de percibir e interpretar con su joven neocorteza cerebral una situación en la que lo propuesto a largo plazo prometía una recompensa si sacrificaban el impulso inicial. La paciencia resultó más beneficiosa que caer en la tentación inmediata que tenían a la mano, ya se tratara de comer un dulce, unos cacahuates, tomar una copa de vino o de obtener dinero o sexo fácil y rápido, aunque para lograrlo tuvieran que quitar de la mente el deseo o distraerse para mantener la perseverancia y lograr una vida mejor.

La Organización Mundial de la Salud (OMS) alertó que México es el país americano con el nivel más alto de consumo de alcohol por persona. Cada semana la población ingiere en promedio medio litro de alcohol, y esto tiene una estrecha relación con accidentes, hechos de violencia y muertes, por lo que México es una de las naciones más peligrosas por ese motivo.

De acuerdo con la Secretaría de Salud, "30% de la población ha terminado siendo alcohólica, 77% de las personas mayores de 18 años ingiere regularmente bebidas embriagantes, la mayoría durante los fines de semana en antros y fiestas". Otros datos duros relacionados con la búsqueda del gozo y la diversión en México: "36% de los delitos, 49% de los homicidios, 57% de los suicidios y 15% del ausentismo laboral se encuentran estrechamente relacionados con la ingesta de bebidas alcohólicas". La búsqueda de la diversión fácil, a corto plazo y sin valores, afecta tanto a adultos como a jóvenes, a hombres como a mujeres. Para la Secretaría de Educación Pública, "el alcoholismo en adolescentes es un fenómeno explosivo […] 69.4% de las adolescentes de secundaria y bachillerato beben, y 68.2% de los jóvenes varones también".

"El alcohol es la sustancia más perjudicial, incluso que las drogas, para el entorno directo e indirecto de las personas que lo consumen", publicó en el año 2010 la revista médica *The Lancet* en Gran Bretaña. La OMS concluyó que en 2011 el consumo de alcohol fue el principal factor de riesgo de padecer enfermedades entre las personas de 15 a 59 años de edad en este país.

Aunque dicha institución aún no reconoce como un problema clínico la grave adicción a Internet, el mal uso de esta tecnología afecta el desempeño laboral de 37% de los usuarios. Entre las herramientas que más consumen tiempo y que son grandes distractores se encuentran las redes sociales como *Facebook, Twitter* y los correos electrónicos. Nielsen, una de las consultoras más prestigiadas de Estados Unidos, reveló que son las adolescentes entre 13 y 16 años las que más mensajes por celular envían y reciben, con una media de 4 050 textos al mes. En 16 horas que permanecen despiertas al día envían o reciben 135 mensajes. En México el número de usuarios de Internet es de 45 millones, poco menos de 40% de la población, y según *Yahoo* los cibernautas en nuestro país pasan en promedio más de cuatro horas diarias frente a una pantalla. El problema de la enorme distracción que producen todos estos medios tecnológicos es aún mayor gracias al reciente auge de los dispositivos móviles.

Habitualmente, cuando llega a mi consultorio un joven que tiene conductas agresivas o se aísla mucho de su familia pregunto a los padres: "¿Qué tanto tiempo pasa frente a las pantallas?, ¿a qué hora duerme?, ¿es usuario regular de videojuegos o de un dispositivo móvil?" Generalmente lo que sigue son respuestas que explican esa hostilidad.

El neurofisiólogo Reyes Haro, director de la Clínica del Sueño de la Universidad Nacional Autónoma de México, afirma que el *Ipad*, teléfono celular, las tabletas, los videojuegos, las computadoras y los dispositivos móviles crean trastornos del sueño a uno de cuatro niños y a uno de cada tres jóvenes, tanto por las luces más intensas, como por los contenidos altamente estimulantes provocadores de adrenalina extra en el cuerpo.

>Este tipo de pantallas disminuye el tiempo del sueño profundo. No importa si se tiene o no dificultad para dormir. El sueño bajo esta condición es de muy mala calidad, y por ello, la gente está permanentemente cansada, irritable y su capacidad intelectual así como su juicio disminuyen. Hay bajo rendimiento en la productividad, se llega tarde al trabajo o a la escuela, con rasgos de flojera y somnolencia, y se incrementa la posibilidad de sufrir accidentes.

En una investigación que la Universidad de Maryland y la Academia de Salzburgo realizaron en mil estudiantes de 10 países, encontraron que los jóvenes con tan solo 24 horas de no usar ningún medio digital presentaron diversos signos de abstinencia, como cuando se deja de consumir una droga: ansiedad, estrés, ira y una profunda falta de atención. Para los estudiosos quedó clara la absoluta incapacidad de los jóvenes investigados para dirigir sus vidas sin usar los medios digitales, por lo que hicieron una recomendación a las universidades a fin de que ayuden a sus alumnos a "distinguir entre la ficción y la realidad, discernir entre fuentes fidedignas y no; a discriminar la información que es importante y la que no, y a navegar de forma consciente sin saturarse ni distraerse". ¿A cuántos nos sucede que al intentar convivir a la hora de la comida, prácticamente el único momento en que toda la familia está reunida, alguno de sus miembros prefiere chatear, jugar o buscar algo en Internet?

A todo lo anterior debemos agregar que a causa de esta adicción tecnológica, los jóvenes y los niños también están desarrollando enfermedades que veíamos con más frecuencia en adultos mayores, como hipertensión arterial, diabetes, síndrome metabólico, sobrepeso y obesidad. Los sentimientos que experimentamos cuando nos sobreestimulamos producen excitación y exceso de adrenalina. En cambio, cuando hay felicidad desaparece la excitación y llegan la paz y la compasión.[7]

Las mismas estadísticas, en cuanto al consumo de alcohol y el abuso de la tecnología virtual, son válidas tanto para las clases ilustradas como para las clases altas, que teniendo los recursos materiales y de información suficientes para elegir mejor, también malgastan su tiempo, su dinero y afectan su salud. Nos vendieron la idea, y nosotros la compramos, de que si usamos Internet habrá más tiempo para convivir, y no ha sido así. Paradójicamente, entre más se usa, menos tiempo dedicamos para relacionarnos cara a cara con los demás. Acerca a los que están lejos y aleja a los que están cerca.

Los seres humanos somos sociales, la mayoría prefiere vivir en compañía, en ciudades, en familia; nuestras relaciones afectuosas definen en gran medida nuestra personalidad. Las interacciones significativas son una finalidad en sí mismas.[8]

Vivir conscientemente

Si hacemos lo mismo de la misma forma, terminaremos acostumbrándonos a ello, veremos las cosas de esa manera específica; solo nos daremos cuenta de que no observamos adecuadamente cuando tengamos la experiencia de vivir de diferente modo al usual. Necesitamos un cambio cualitativo para ver más claramente y buscar otra manera de lograr la felicidad.

Cuando vamos por primera vez al optometrista y suple con un aumento en los cristales la falta de claridad con la cual percibimos, nos damos cuenta de que realmente no estábamos viendo adecuadamente. La impresión que nos causa el ver bien con la ayuda de los cristales idóneos es tan notoria, que decidimos usar los lentes y mejorar nuestra visión. Algo así sucede cuando nos habituamos a buscar la felicidad en el alcohol, el dinero, las drogas, en el Internet o en el exceso de comida. No podemos ver ni discernir apropiadamente.

Si aclaramos nuestra visión y vivimos otras experiencias más profundamente satisfactorias, podremos cambiar nuestra vida. Solo así, teniendo otras experiencias, nos percataremos de que existe otro tipo de riqueza que no es material y otra forma de usar el tiempo que no nos daña, sino que nos beneficia y nos hace más felices. Que nos libera de la tristeza, el miedo, el estrés, la depresión, la angustia, la ira, las presiones, la discriminación, la guerra y la ignorancia.

Vivir nuestra vida con profundidad, proponernos mejores formas (a más largo plazo) para divertirnos, buscar tiempo para dedicarnos a lo importante y a las personas que amamos nos da el verdadero sentido de esta vida. La riqueza de transformarnos, de cambiar nuestros hábitos perniciosos, miedos, ansiedad, tristeza, enojo e ignorancia nos proporciona el poder para ser felices. Poder que nos beneficia personalmente y a todos los demás. Richard Layard, fundador del más importante centro de investigación económica de Europa, dice que las tres cosas que nos dan más felicidad son: nuestras relaciones íntimas, socializar con amigos y parientes e interiorizar. En otras palabras, somos felices cuando damos y recibimos afecto y cuando tranquilamente interiorizamos. Es decir, cuando pensamos mejor y somos compasivos.[9]

Si somos ricos, cultos, influyentes, famosos o poderosos pero no somos realmente felices, ¿qué sentido tiene tanto esfuerzo?

La donación millonaria de Bill Gates y Warren Buffet es un acto maravilloso y desinteresado de comprensión y compasión. En el año 2010 hicieron una invitación al resto de multimillonarios (a través de la iniciativa *Giving Pledge*) para ayudar a los demás, la cual ya fue aceptada por 114 magnates (Ted Turner, David Rockefeller, George Lucas, Marck Zuckerberg, Jorge Pérez y Michel Bloomberg, entre otros). Ese tipo de riqueza les confirió a sus vidas un propósito genuino para aliviar su propio sufrimiento interno y el de los demás. Afortunadamente, cada vez podemos encontrar más personas que, como ellos, han comprendido el sinsentido de los excesos y que vale la pena compartir su riqueza material con los demás.

No importa si somos pobres, directores de empresas, cineastas, musulmanes, obreros, católicos, ricos, futbolistas, blancos, escritores, cibernautas, artistas, protestantes, ignorantes, cultos o ancianos, todos tenemos el genuino deseo de ser felices y ayudar a los demás a lograrlo.

Es un aforismo que para proporcionar felicidad a los demás hay que ser felices. Pero si en la búsqueda de la felicidad, ya sea por miedo o ambición, emprendemos la carrera de buscar solo la riqueza material, no podremos ser felices ni haremos felices a los que nos rodean, y entonces nada tendrá sentido. Cuando somos estables, amorosos y alegres podemos dar lo mejor y los seres cercanos a nosotros obtendrán beneficios con ello.

Habremos de empeñarnos en no lastimar y dañar nuestro cuerpo y, al mismo tiempo, en ser conscientes de que nuestra mente también necesita un cuidado que no le proporcionamos. Si para mantener saludable nuestro cuerpo le dedicamos tantas horas diarias a dormir, comer, disfrutar, descansar, bañarnos, hacer ejercicio, entre otras actividades, ¿hacia dónde va el cuerpo si la psique no le ayuda?, ¿quién lleva el control de nuestras vidas?

Capítulo II

Lo aparente de lo aparente

La mente confusa

> *Si comprendes, las cosas son como son;*
> *si no comprendes, las cosas son como son.*
> Proverbio Zen

Nuestro concepto de realidad no es el mundo real en el que vivimos. Nuestra "realidad" es una pequeñísima parte del mundo tangible en el que se desenvuelve nuestra existencia. Los elementos, las causas, las consecuencias, los beneficios y perjuicios que día a día ocurren o generamos, no existen para nuestra mente si no somos capaces de percibirlos. Son inexistentes, en el sentido de que no tenemos un registro de ese mundo en nuestra percepción.

¿Por qué no vemos el planeta, la vida, el trabajo, las vacaciones, la pareja, un hijo, una película, una idea, un libro, el alimento de la misma forma que los demás? Cada uno percibe el mundo de manera particular porque cada quien tiene una mente distinta, y es nuestra mente la que ejerce esa facultad. El mundo está ahí; los sentidos captan una pequeñísima parte de él, y la mente interpreta esa minúscula porción del mundo. Nuestros cinco sentidos tienen márgenes muy cortos de percepción fuera de los cuales no podemos captar nada. El sentido de la vista puede ver solo una pequeña fracción del amplio espectro electromagnético de la totalidad.

James Maxwell, físico británico que en 1860 planteó la teoría de las ondas electromagnéticas, dijo: "lo que vemos y oímos nunca son los fenómenos investigados, sino solo sus consecuencias". Los objetos materiales no son como los percibimos. Todo lo que llamamos "materia" es un campo unificado en donde el conocimiento no está relacionado con la experiencia sensorial directa, y por ello el lenguaje y los sentidos que utilizamos no son adecuados para describir los objetos que observamos.[1]

La luz, para la física moderna, es un campo magnético que cambia extremadamente rápido y que viaja en el espacio en forma de ondas, y otras veces, dependiendo del observador, en partículas; en ninguno de ambos casos necesita un medio material para propagarse. Lo que nosotros percibimos son algunas pocas frecuencias de ese movimiento, que es el universo.

A continuación podemos apreciar una lámina, tomada del magnífico libro *El tao de la física*, de Fritjof Capra, que muestra el rango de luz visible para el ojo humano, apenas entre 10^{14} y 10^{15} oscilaciones por segundo, de un espacio amplísimo que no podemos ver.

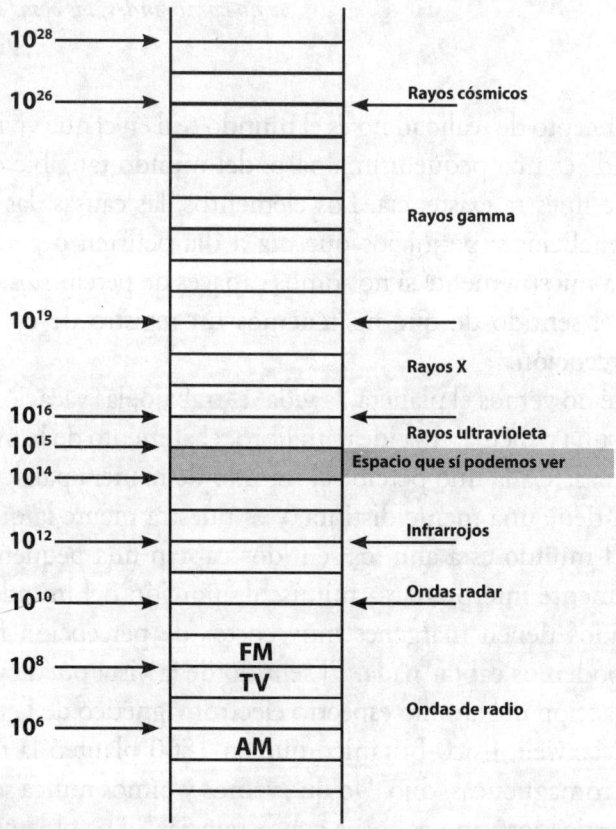

Figura 1. Lámina que muestra el rango de luz visible para el ojo humano.

El oído humano solo puede escuchar entre 20 y 20 mil frecuencias por segundo. Existe una realidad sonora que escapa a nuestro sentido del oído. Campos magnéticos, partículas, sonidos, aromas, sensaciones y sabores que no podemos percibir afectan, influyen, determinan nuestra vida.

De ese pequeño intervalo de realidad que sí podemos captar fisiológicamente, nuestra psique *escoge* poner atención en muy pocas cosas de las que percibimos.

Un mundo, muchas realidades

Todo lo que el hombre ha creado lo ha hecho con la ayuda de la mente. Esta ha organizado la realidad de cierta manera para que sea perceptible, le ha dado un orden, límites y palabras para identificar lo que era imperceptible, incluso lo que no existía. Este libro, estas hojas, los lentes que usamos, el alimento que consumimos, la casa y la ciudad donde vivimos han sido concebidos por las mentes de las personas.

En nuestra psique se crea el interés por la lectura, por mejorar o comprar algo, por casarnos o divorciarnos, por jugar, por crear una obra de arte, por trabajar y por innumerables actividades que vivimos día a día. Esa misma mente que hoy ocupa nuestra atención nos permite realizarnos en formas diferentes: diseña nuestros cuerpos, nuestros gestos, nuestras formas de existir. Crea o destruye el mundo, se reinventa a sí misma.

Cuando en octubre de 2004 compartí estas ideas con los jugadores de futbol profesional del equipo Chivas de Guadalajara, del cual yo era el psicólogo, Carlos Salcido comentó: "el trabajo que haces ya no me parece extraño, es algo de todos los días".

No necesitamos ser expertos en futbol para darnos cuenta de que Carlos Puyol, uno de los héroes españoles del Mundial del 2013, suplía en todos los partidos su falta de cualidades técnicas con su gran pundonor y fuerza.

Si todos pudiéramos estar abiertos a aceptar la idea de que una mente clara y disciplinada es mejor que una confusa y caprichosa, el mundo, y no solo el futbol, sería mejor.

Percepción

> *No vemos las cosas como son;*
> *las vemos como somos.*
> Talmud

Las neurociencias ya han demostrado que la llamada "realidad" solo la percibimos de manera similar los individuos de la misma especie. Los insectos, los peces, las aves, los reptiles poseen una neurología muy diferente, y por ello perciben las formas, los colores, las dimensiones de maneras distintas a la humana.

La realidad para cada especie es diferente. ¿Cuál es la verdadera?

Los filtros sensoriales humanos nos permiten acceder a una pequeña parte de toda la realidad, 11 millones de *bytes* por segundo, y solo podemos ver una parte aún más pequeña de eso, 50 *bytes* por segundo[2], y de esos 50 *bytes* solo ponemos verdadera atención a una parte todavía más pequeña que además muchas veces no podemos valorar adecuadamente. Lo que creemos que es la realidad no es más que una minúscula reedición de ella. En la mente creamos, sin ser conscientes, un mapa mental muy reducido y defectuoso del verdadero e inmenso territorio que habitamos.

Por eso, cuando un padre se enoja con su hijo o entristece porque este reprobó un examen, le dice: "¿Qué no te fijas?, ¿por qué no estudias?, ¿qué sucede?". La explicación es sencilla: el padre desde su mente tranquila y desde su amplia experiencia particular mira y valora una realidad diferente a la del hijo que, al ponerse sumamente ansioso y preocupado ante los exámenes, olvida con frecuencia aquello que el día anterior sí recordaba.

El punto de vista, el lugar desde donde mira el observador, el cual siempre es diferente, determina que un mismo fenómeno, por ejemplo, la luz, aparezca con aspecto de onda o con aspecto de partícula. La posición de un arco iris siempre depende del observador que lo mira.

Como los seres humanos estamos equipados prácticamente con las mismas capacidades perceptuales, habremos de concluir que lo que nos hace diferentes no son nuestros sentidos sino la forma como los manejamos y, más específicamente, las cosas en que ponemos nuestra atención. ¿Qué consideraciones hacemos de esa pequeñísima parte de la realidad que sí percibimos?, ¿qué valoramos?

Es muy importante tener cuidado con aquello que apreciamos, porque si valoramos objetos, ideas perjudiciales o contravalores, podemos fácilmente generar problemas en nuestra vida, como por ejemplo cuando nos relacionamos con personas que son malas influencias o cuando le demos valor al uso de drogas o a las actividades de personas que se dedican a actividades ilícitas, pero que nos benefician con sus recursos.[3]

El cuerpo obedece a lo que la mente percibe; las decisiones están fundamentadas en lo que percibimos, y esto depende de aquello en lo que ponemos nuestra atención y valoración. Este es el verdadero motivo de por qué el adecuado manejo de la atención es prioritario para todos los seres humanos.

Con tantos estímulos externos e internos a los que nos exponemos, la atención se ha vuelto como polvo que va sin sentido de un lado a otro por toda la casa. Está en el pasado y al segundo siguiente en el futuro; una imagen de Internet o de la infancia se pega a una actual en el trabajo, y esta, al recuerdo del rostro angustiado de un hijo o de un atardecer o a una frase de una canción de moda, y luego, a las sensaciones de ansiedad y de coraje que experimentamos por el problema que tuvimos hace dos días o a la suma de dinero que esperamos ganar este mes, y de ahí, a una escena de la última película que vimos el día de ayer.

Realizamos diversos encadenamientos perceptuales y emocionales que provienen de estímulos internos y externos, de diferentes canales sensoriales, de tiempos y contenidos inconexos, como si toda esa revoltura tuviera un orden ¡y no lo tiene! Una mente así es como un caballo desbocado que no cesa de correr, aunque esté estresado, cansado y tenga sed. No se detiene mientras estamos despiertos ni dormidos.

Existen dos realidades en nuestra psique en las que todo el día fluctuamos: la percepción del mundo externo y la percepción del mundo interno. De los estímulos externos, como el valor del dinero, el clima, los virus, bacterias y parásitos del ambiente, el tráfico, el ruido, el carácter del jefe, de la pareja, o del vecino, casi no tenemos control. En lo que sí podríamos tener más injerencia de manera inmediata es en cómo percibimos los mundos interno y externo deseados y valorados en nuestra mente. De eso casi no nos ocupamos porque no sabemos cómo lograr que algunas de las primitivas funciones cerebrales se alineen con la neocorteza cerebral.

Una de las cosas que impide tal estado es que nuestra mente se encuentra en el pasado, en el momento anterior, generalmente en aquel que tiene más carga emocional, o en el futuro inmediato, con imágenes que nos angustian o preocupan, pero no en el presente, en el lugar y tiempo en donde está sucediendo el ahora. Impulsos, imágenes, emociones, diálogos internos positivos y negativos rondan en la psique mientras la familia, los árboles, la vida, cada instante y todo lo que nos rodea existe en el presente, esperando a que estemos aquí para realizar aquello que deseamos vivir pero que muchas veces postergamos.

Si lo pensamos un momento, nos daremos cuenta de que ni el pasado ni el futuro existen; el tiempo es un presente continuo; los conceptos, las imágenes del pasado y futuro solo están en nuestra mente. La ciudad, el campo, nuestro amigo, nosotros mismos, el planeta entero, todo, siempre está en presente. La falta de concentración se debe a que le dedicamos mucho tiempo a repasar imágenes, experiencias que corresponden a situaciones que ya pasaron o que aún no han sucedido. No estar en el aquí y ahora es una de la causas más importantes de nuestra infelicidad y pérdida de tiempo en la vida.[4]

Meditémoslo: ¿en qué lugar del planeta existen las escenas que usted ha estado mirando en su mente y que tanto le hacen sufrir?, ¿en qué casa, en qué parque, en qué escuela de la ciudad está la niña que se siente tan sola?, ¿en dónde está sucediendo, en este momento, la escena de infidelidad, la traición, los celos por los que usted sufre?, ¿en qué cuarto oscuro, en qué callejón de esta ciudad o de cualquiera, está la experiencia que usted recuerda?, ¿en qué coordenadas está el avión que parecía desplomarse con aquellas bolsas de aire, que hoy en día nos impide disfrutar el vuelo?

¿En dónde están las frases, las ofensas, los gritos y las palabras hirientes que tanto daño nos hicieron?, ¿en dónde está todo el dolor que sufrimos en el pasado?, ¿en dónde están todas las imágenes y problemas que nos preocupan y que aún no han sucedido?, ¿en dónde habitan las experiencias traumáticas?, ¿en qué territorio, en qué lugar de este mundo se esconden el miedo, la ira, la desesperanza, la angustia, la tristeza?

El único lugar donde el sufrimiento nace, crece y se reproduce es en nuestra mente. No estoy hablando del dolor biológico, por así decirlo, que se encuentra en la naturaleza misma de la vida, sino de la manera exagerada en que nuestra mente límbica matiza la existencia, ya sea que padezcamos de dolor o no.

Los estudios que realiza la OMS indican que todos los acontecimientos significativos son factores estresantes, producen sufrimiento (no dolor) que predispone al individuo a padecer trastornos mentales, y esto tiene estrecha relación con enfermedades físicas como la diabetes, los trastornos cardiovasculares y la obesidad, entre otras. La tristeza, el pesimismo, el estrés, la angustia, el miedo, la ira son sentimientos que cuando se presentan de manera cotidiana afectan la salud de las personas.[5]

El sufrimiento no distingue si tenemos dinero o no. Tanto en países pobres como ricos, 30% de sus pobladores padecen disfunciones mentales o de comportamiento. Tan solo en México, 50% de los pacientes de los servicios de medicina general o interna que llegan por dolor, en realidad están sufriendo más por problemas psicológicos que físicos.

¿Qué hacer?

Tanto para ya no sufrir como para ser felices, lo primero que debemos hacer es darnos cuenta de que nuestro cuerpo está en donde está, aquí, pero nuestra mente no se encuentra cabalmente ubicada en este lugar y tiempo preciso: vaga sin control por otros escenarios, a veces de manera burda, a veces sutilmente. No tenemos la plena alineación de cuerpo y mente en cada una de las cosas que realizamos a cada momento.

Lo segundo que podemos hacer es, con voluntad y determinación, integrarnos al tiempo y lugar preciso en el que estamos a cada instante. Es decir, no permitir que nuestra mente vea, escuche o sienta otras cosas que no están sucediendo en ese momento. En muchas ocasiones esto es difícil porque nuestra psique está "muy habilitada" para andar divagando, y regresar a la concentración parece complicado. Esto es doblemente difícil cuando estamos bajo presión. Sentimos que no tenemos tiempo; los sistemas primitivos de nuestro cerebro toman el control; los estímulos externos e internos estimulan la amígdala, y las emociones aumentan de manera considerable.

Cuando no tengamos que responder con rapidez, y podamos elegir entre varias alternativas, lo mejor será optar por aquella que sea la mejor a largo plazo y no la que nos atrae por la inmediatez del resultado.

Si no manejamos nuestra atención, seguiremos generando una gran cantidad de adrenalina. "El mundo corre, todos corren y yo también corro." ¿Hacia dónde vamos con tanta prisa si de todas formas vamos a llegar al mismo lugar que todos? Ejercitar nuestra mente para manejar la atención es necesario para lograr ser feliz. El cuerpo está diseñado para obedecer a la mente. Si la mente no es clara, sana y precisa, el cuerpo, los brazos, las manos, los dedos y el resultado tampoco lo serán.

> En el "Programa básico de psicología autosustentable" anexo a este libro, se encuentra la técnica: "El arte del Zen" (pág. 6), que le ayudará a desarrollar la habilidad de la atención plena.

Capítulo III

¿Qué parte del cerebro decide su vida?

Tenemos tres cerebros en uno

La mente y el cerebro humano son producto de la evolución de cientos de miles de años de los seres vivos. Todos los seres animados estamos ligados de forma muy estrecha. Los peces, los reptiles, los mamíferos son nuestros abuelos, son nuestros padres; provenimos de ellos.

Podemos tener información suficiente y fidedigna para terminar una relación amorosa o despedir a una persona que es perjudicial para nuestra empresa, estar conscientes de que habremos de modificar nuestro esquema de ventas o selección de personal, decididos a dejar un mal hábito o emociones que nos dañan, incluso nuestro *coach* o psicoanalista nos ha repetido hasta el cansancio cuáles son las causas inconscientes de nuestros desvaríos, y aun así no cambiamos, permanecemos inmóviles o reaccionamos con enojo a pesar de saber plenamente el beneficio que tendríamos si hiciéramos un cambio en nuestra actitud.

Hoy en día, sabemos que no podemos realizar el anhelado cambio emocional o conductual porque la parte racional está siendo dominada por nuestro cerebro emocional o por el cerebro reptil.

Sabemos, gracias a las neurociencias, que dentro de nuestro cráneo tenemos tres cerebros, tres mentes diferentes en un solo cerebro. Cada una de estas tres estructuras neurológicas tiene componentes y funciones diferenciadas. Parecemos personas distintas según se active más alguna de las tres. Aunque están estrechamente relacionadas, tienen sus propias formas de influirnos.

Una característica del cerebro es su capacidad para desarrollarse y hacerse más complejo, ejercitando las funciones que son propias del sistema. Con el paso de los siglos, la organización funcional del cerebro fue cambiando, y las estructuras que se sobrepusieron adquirieron, en lo general, un papel jerárquico al de la estructura que las originó. La más antigua (el cerebro reptiliano) sigue funcionando a pesar de que en conjunto adquiera un papel menos decisivo en comparación con las estructuras más nuevas.[1] En una frase: nuestro cerebro tiene tres mentes, lo que puede hacer que nos comportemos de manera diferente ante los mismos estímulos. También es cierto que nuestra mente se reinventa a sí misma, y esta capacidad de autocreación es lo que realmente nos puede dar la posibilidad de ser libres.

Cerebro del ser humano

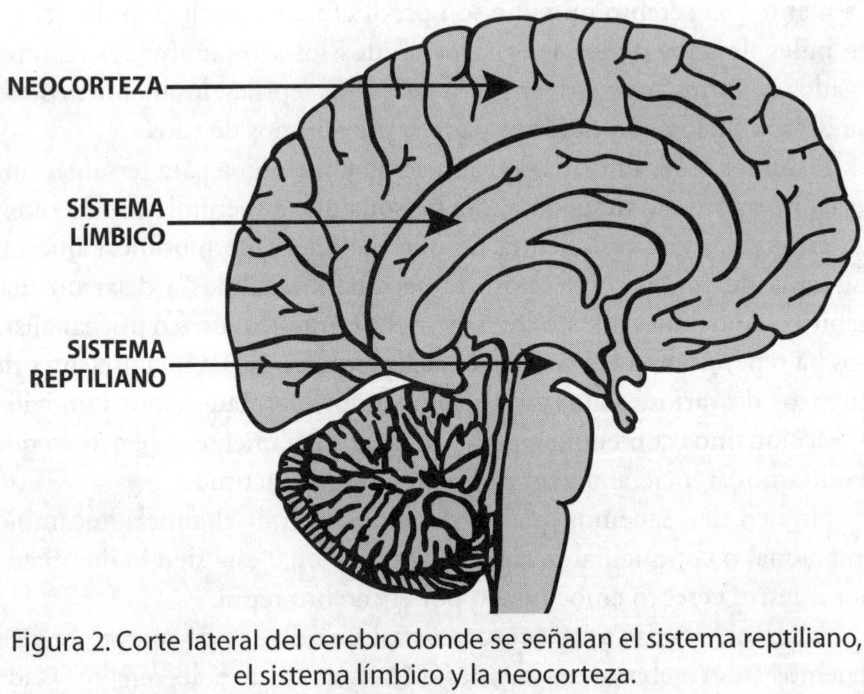

Figura 2. Corte lateral del cerebro donde se señalan el sistema reptiliano, el sistema límbico y la neocorteza.

El sistema reptiliano

Aunque los reptiles son incapaces de aprender como los humanos, la sobrevivencia de las especies y de los individuos se debe a la existencia de este cerebro.

El sistema reticular se encuentra en la parte más interna, más oculta de nuestro cerebro y funciona con base en los instintos, como sucede en los reptiles. Este tiene mandatos que lo gobiernan: la integridad del propio organismo, la territorialidad, la sexualidad y el mecanismo de tomar-huir, también llamado de agresión-miedo.

Cuando nuestro equilibrio vital es amenazado, solemos activar esa parte de nuestro cerebro y respondemos al medio que nos parece hostil como lo haría un reptil, de manera rápida e instintiva. Si un cocodrilo tiene hambre y descubre a un ciervo atravesando el río, activa su sistema reptiliano y genera una gran cantidad de adrenalina y cortisol para tensar sus músculos y tomar en sus fauces al ciervo. Este, a su vez, también produce una gran cantidad de adrenalina que inyecta a sus músculos para correr y salvaguardar su integridad.

Las mismas sustancias explican la agresión en el cocodrilo y el miedo en el venado; la caza en el lagarto y la huida en el ciervo.

Ahora bien, si un mamífero, como un puma, ve amenazada su integridad por el hambre, buscará un animal más pequeño, secretará adrenalina y cortisol para perseguirlo y atraparlo, y el animalito correrá velozmente, gracias a las mismas hormonas, para salvarse.

Lo que sucede cuando se amenaza la integridad, el territorio o la sexualidad de un reptil (la misma sustancia y el mismo mecanismo) se produce en el hombre cuando ve alterado su equilibrio por una amenaza a las crías.[2] Queramos o no reconocerlo, esta parte de nuestro cerebro nos impulsa a tomar decisiones en la vida que son trascendentales: ¿quién nos gusta?, ¿con quién nos casamos?, ¿qué tan capaces somos para mantenernos y ser autosuficientes?, ¿cómo escogemos hogar?, ¿quiénes serán nuestros dirigentes?

Infinidad de experimentos han demostrado que gran parte de los comportamientos humanos tienen su origen en este cerebro. La Universidad de Valencia, España, en una tesis doctoral titulada *Evolución del cerebro emocional: análisis comparativo de las vías amígdalo-estriales* (2011) demuestra una gran similitud en la función homóloga entre las estructuras neurológicas de los reptiles y la amígdala de los mamíferos. Estos investigadores concluyen que ya existía en los reptiles un cerebro emocional. Además, sostienen que en el cerebro emocional y la amígdala de los mamíferos también existe una nueva porción del neocórtex frontal.

Sigmund Freud tenía razón, una parte de los móviles inconscientes que explican nuestros sentimientos y conductas se basa en instintos muy primitivos y, más específicamente, en los impulsos sexuales. Aunque esto es cierto, existen otros impulsos en los seres humanos que también son determinantes. A más de cien años de planteada la, en aquel entonces revolucionaria teoría, tenemos muy claro, gracias a las neurociencias, que la sexualidad es solo uno de los cinco instintos límbico-reticulares. Es más, todo parece indicar que el más fuerte no es la sexualidad sino el cuidado de la integridad del organismo.

En el caso de los seres humanos, cuando el cuidado de su propia integridad se opone al de sus crías, es común encontrar padres que en la urgencia de salvar la vida de un hijo sacrifican la suya. Aunque esto parece irracional en los reptiles, resulta de un altísimo valor evolutivo y desde el amor paterno y humano es la elección más viable.

El amor parece la emoción positiva más intensa y se encuentra por encima de cualquier evaluación intelectual que tienda a equiparar la sobrevivencia paterna a la de un hijo. Esto es posible gracias a que el hombre desarrolló otras dos complejas estructuras neurológicas sobre la reticular: el sistema límbico y el neocórtex.

El sistema límbico

Otra estructura neurológica que se formó con el paso de los siglos y que dio lugar a los mamíferos es el sistema límbico, el cual se encuentra por encima de nuestro cerebro reptiliano. Comprende el hipotálamo, el hipocampo, la amígdala cerebral y otras zonas vinculadas. Este cerebro está relacionado con la mayoría de las hormonas que explican en gran parte los sentimientos como el cariño, la tristeza, los celos, el miedo o la ira.

El sistema límbico se encuentra entre dos cerebros; conecta al cerebro "pensante" con el tallo cerebral. Esta conexión facilita la coordinación rápida y poderosa entre la razón, los sentimientos y las acciones. Gracias a esta zona del cerebro se puede decodificar el sentido de la información externa. Esta estructura neurológica nos dice cómo nos sentimos con respecto a los demás, cómo se sienten ellos con nosotros y nos sugiere qué debemos hacer en lo inmediato, de acuerdo con su respuesta ante nosotros. Las relaciones afectuosas estimulan esta parte del cerebro; gracias a este sistema podemos detectar las emociones en el rostro de las otras personas. Nos ayuda a comprender lo que siente un ser querido con solo escuchar el tono de su voz o mirar el brillo en sus ojos.

Otra diferencia fundamental entre el cerebro reticular y el límbico es que este puede adquirir información no solo genéticamente como lo hace el cerebro reticular, sino que gracias a este cerebro, los mamíferos a lo largo de su vida aprenden y enseñan a sus crías, por ejemplo, a quién pueden agredir y comerse y a quién deben tenerle miedo, aunque los hijos no hayan vivido la amenaza a su integridad, territorio, sexualidad o hacia sus críos. Al copiar las conductas de sus padres, los mamíferos reciben y aprenden diferentes enseñanzas de acuerdo con las experiencias particulares de las especies y de los padres específicos que tuvieron.

En el artículo *Nuestros genes nos creen en la edad de piedra* (2010), Luis González de Alba nos recuerda los resultados de un experimento que se realizó hace varios años. Parafraseándolo, dice que los niños, de la misma manera que los chimpancés, tienen miedo a las víboras y a todo aquello que, por su forma y movimiento, parezca una víbora. Algunos evolucionistas concluyen que tal conducta es una respuesta genética que prevaleció en el cerebro reticular para salvaguardar la integridad del organismo.

A su vez, algunos sociólogos y psicólogos arguyen que no es una respuesta genética, sino aprendida. Nos dicen que si a un chimpancé bebé, que no ha visto a otro animal más que a su madre, se le acercara indistintamente una serpiente de juguete o una venenosa, el animalito tomaría una u otra en sus manos para revisar aquello que se mueve. Si después, al estar con su madre, se le acerca la víbora, la madre grita y salta tratando de alejarse de la amenaza, su hijo la imitará y brincará a su espalda mirando con pavor al animal rastrero. Es decir, la respuesta de tomar-huir o agresión-miedo es aprendida.

Después, los biólogos evolucionistas pueden hacer el trabajo de los psicólogos conductistas y condicionar a la madre a tener miedo a un objeto o un animal cualquiera, un ratón, por ejemplo. ¿Cómo lo hacen? Cada vez que aparece el ratón, la chimpancé recibe descargas eléctricas en el piso de la jaula. Cuando está condicionada, se introduce al bebé y aparece el ratón y, ya sin necesidad de encender las descargas en el piso, la madre grita aterrorizada, se cuelga de los barrotes, observa con pánico al roedor, que también huye. Su bebé simplemente la mira expectante sin saber qué hacer y extiende la mano tratando de coger al roedor para jugar o comerlo, sin saber cuál es la causa del peligro.

Esto indica que aprendemos los temores para los que ya existen en nuestra genética las estructuras que hacen la lectura correcta de que huir de las víboras nos salva y de que no nos hacen daño mortal los ratones. González de Alba nos dice: "actuó la selección natural: los seres vivos que no tuvieron una posible respuesta innata sencillamente murieron al curiosear con el animalito largo con un cascabel en la cola". Ese miedo, en otros chimpancés todavía virtual, escondido en el genoma, produjo animales que sobrevivieron y trasmitieron esa experiencia genética que más tarde tuvieron oportunidad de aprender con la experiencia amenazante real. Por esto, la respuesta de la madre no condicionada despierta el aviso del peligro real con la víbora y no lo hace con los ratones. Todas las especies que tienen sistema límbico han logrado evolucionar gracias a este tipo de aprendizaje genético y vivencial que se codifica en dicha estructura.[3]

La neocorteza cerebral

Para que esta estructura neural llegara a ser como ahora la conocemos tuvieron que pasar miles de años; con esta, vinieron los mamíferos más desarrollados, y de estos, el hombre es el que tiene por encima del sistema límbico la corteza cerebral más evolucionada del planeta.

En el neocórtex encontramos las bases neurofisiológicas de funciones mentales que tenemos los seres humanos: un lenguaje digital (a través de símbolos) extraordinariamente desarrollado; el análisis y la síntesis; el sentido del humor; la capacidad de intuir, deducir, imaginar y predecir; la especialización de movimientos finos de las manos; la conciencia y sus pensamientos, y con ello el más alto desarrollo de la ciencia, la tecnología, el arte y la espiritualidad. Crick y Koch (1990) confirmaron que la conciencia es "una actividad sincronizada de neuronas que se encuentran situadas en la corteza cerebral".

Los científicos Eugen G. d'Aquili y Andrew Newber, miembros del programa de medicina nuclear de la Universidad de Pensilvania, encontraron que:

...la neocorteza prefrontal del cerebro se activaba con los ejercicios espirituales; las repercusiones físicas en el cerebro fueron evidentes, específicamente en los lóbulos prefrontales, zona que corresponde a la capacidad de concentración, fuerza de voluntad, sentido del humor, e incluye la integración armónica del individuo.

Sin embargo, ese no fue el resultado más impresionante, sino que durante ese lapso (de meditación y manejo de la atención) el cerebro reptiliano se apagó. El cerebro no logró distinguir entre "el yo y el resto del mundo". El neurólogo James Austin concluyó años después, al igual que sus colegas, que para poder tener experiencias espirituales es necesario que "la actividad de la amígdala que monitorea el ambiente y registra el miedo, sea excluida de la actividad neuronal".

Diferencias y similitudes del humano y otros animales

Estructuras del cerebro	Animal	Funciones cerebrales
Sistema reptiliano	Reptiles, anfibios, peces	Impulsos instintivos
Sistema límbico Sistema reptiliano	Mamíferos no primates, algunos reptiles	Afectos, impulsos emocionales e instintivos
Neocorteza primaria Sistema límbico Sistema reptiliano	Mamíferos superiores (cetáceos, bovinos, equinos, primates, canes, entre otros)	Reflexión, planeación, comunicación, afectos más desarrollados, impulsos instintivos y emocionales
Prominencia de la neocorteza Sistema límbico Sistema reptiliano	Humano	Mente muy desarrollada, afectos desarrollados, impulsos instintivos y emocionales

Funciones de los tres cerebros en los humanos

En general, cada vez somos más inteligentes, más capaces, aprendemos más rápido a adaptarnos ante lo que nos amenaza y rompe nuestra homeostasis, pero si nos enfurecemos o tenemos un miedo paralizante o reaccionamos con violencia, estamos utilizando la parte menos desarrollada de nuestro cerebro: el sistema reptiliano.

Si nos frustramos o desmotivamos con frecuencia, abandonamos el trabajo, dejamos lo que empezamos sin terminar, es porque estamos viviendo las emociones desde el sistema límbico. Las personas que tienen más influencia del sistema límbico usan con frecuencia palabras, señas y gestos cargados de afectos para describir y explicar la vida y el mundo como si todo fuera sentimiento. El drama en las novelas, en la poesía, en el cine, en la vida, en el arte es para ellos lo que más valor tiene. Recordemos que según la mayoría de los neurofisiólogos, la amígdala, si bien se encuentra en el cerebro límbico, cuando existe una señal de peligro "enciende" la función reptil y se apagan algunas de las funciones racionales. Las emociones, al igual que los impulsos del sistema reticular, son necesarias, pero no suficientes para vivir hoy en día.

Las especies que no tienen neocórtex ni sistema límbico, como los reptiles, no tienen el afecto paternal y maternal que sí tenemos los humanos; los hijos de estos animales deben esconderse al salir del huevo para sobrevivir, pues suelen ser devorados por sus propios padres. Aunque en algunas ocasiones los humanos podemos sentir mucha hambre, como pudieran tenerla los reptiles, le agregamos a nuestros impulsos primitivos los sentimientos de amor y respeto por nuestros descendientes.[4]

Es posible que el desarrollo del cerebro de los homínidos se haya basado en cuatro procesos que se dieron a lo largo de la evolución: traslado en dos pies, la aparición del lenguaje digital, la enorme capacidad analítica del humano y el amor incondicional. El cambio en la locomoción, al pasar de la cuadrúpeda a la bípeda, permitió el uso libre de las manos durante mucho tiempo; esto ofreció la posibilidad de utilizarlas para desarrollar herramientas, recolectar frutos, sembrar, pero también para fabricar armas.

La aparición del lenguaje digitalizado favoreció una comunicación más específica, clara y sofisticada que el lenguaje analógico de señas, movimientos, sonidos guturales, que suelen tener múltiples significados dependiendo del emisor, del receptor y del contexto en el que se dé el mensaje. La capacidad analítica implicó y favoreció, sin lugar a dudas, el desarrollo de múltiples funciones psicológicas como la observación plena, la discriminación, la identificación de pautas en la naturaleza, la memoria, la síntesis, la valoración, la ética, entre otras.

A medida que todo esto sucedía, el desarrollo de la neocorteza y sus conexiones con los dos anteriores cerebros fue posibilitando el surgimiento de la relación de amor incondicional que podemos observar entre padres e hijos. Daniel Goleman reporta en *Inteligencia emocional* (2007) que cuando las madres de recién nacidos vieron fotos de muchos niños, entre estos de sus hijos, las lecturas de los electroencefalogramas "revelaron que la zona orbitofrontal, ubicada en la neocorteza, se encendía cuando veían fotos de sus hijos pero no cuando veían las de los otros niños". Este sistema cerebral les asignó un valor hedónico a nuestros hijos; nos hace saber que a nuestro hijo lo queremos, que a un enemigo lo odiamos o sentimos aversión por él y que somos indiferentes emocionalmente ante los desconocidos. Este vínculo puede explicar la maduración, dependencia y aprendizaje tan prolongados de los críos humanos.

Nuestro cerebro, nuestra mente, es el fruto de una larga evolución. Podemos tomar mejores decisiones que hace 50 mil años. Aunque el cerebro tiene neocórtex, cuando jugamos, trabajamos, nos enojamos, estamos celosos, amamos o realizamos cualquier otra actividad, estamos expuestos a responder y "tomar decisiones" desde la dominancia de nuestro cerebro reptiliano y/o límbico. Nuestro cerebro es prácticamente igual desde hace miles de años, pero nuestra mente ha cambiado muchísimo en las últimas décadas.[5]

Aunque nuestro cerebro funciona como un todo integrado y no de manera aislada, el neocórtex es más lento que los dos sistemas anteriores, por eso uno de los mejores antídotos contra los impulsos de miedo o ira es la paciencia. Una persona paciente no es alguien que permite que los demás abusen de él, no es alguien pasivo o pusilánime; es alguien que gracias a su atención focalizada puede recapacitar y actuar correctamente. Distanciarnos de la situación y de la persona que nos agrede, y analizar bien las cosas puede ser más provechoso que responder de manera rápida. Recordemos que la adrenalina y el cortisol que generamos desde el cerebro primitivo pueden hacer que actuemos impulsiva y agresivamente, o hacer que actuemos con miedo y nos paralicemos o corramos.

Cuando no reaccionamos inmediatamente, sino que actuamos conscientemente ante una provocación, es porque decimos lo que pensamos en la forma y en el momento correctos; usamos el tono adecuado, las palabras y expresiones suaves, sin ira ni deseo de manipular, ya que sabemos que la otra persona está sufriendo y no deseamos que sufra más.

Los seres humanos contamos con diferentes palabras para describir los sentimientos que experimentamos cuando hay adrenalina en nuestro cuerpo. Si hablamos de agresión, dependiendo del grado, decimos, por ejemplo, que sentimos incomodidad, ansiedad, molestia, desagrado, rechazo, enojo, encono, resentimiento, ira, odio, furia; si el sentimiento es más fuerte pasamos a la agresión, la violencia o incluso a la guerra. Por otro lado, cuando la hormona en cuestión produce miedo sentimos expectación, estados de alerta, preocupación, susto, angustia, temor, miedo; si aumenta llegamos a experimentar pánico o un terror tan grande que nos paraliza.

Cuando la agresión no se dirige al mundo externo sino hacia nosotros mismos, podemos llegar a agredirnos psicológica o físicamente.

Es cierto también que en ocasiones habremos de responder con rapidez y eso puede evitar un accidente, como cuando percibimos que estamos en peligro y, en ese momento, rápidamente nos protegemos y evitamos un golpe en la cabeza; o cuando alguien cierra con brusquedad una puerta y "sin pensar" sacamos de inmediato los dedos del marco, o cuando hacemos un giro súbito en el volante del auto y eso nos salva la vida. Esto no solo está bien, sino que es necesario. Cuando la amenaza está en el aquí y ahora y es inminente, debemos generar adrenalina: tener miedo o ira. Estos sentimientos transmiten al cuerpo que existe un problema inmediato que hay que resolver ¡ya!

Hoy la amígdala podría convertirse en un elemento neurológico no tan activo, ya que la mayoría de las situaciones de riesgo suelen no atentar realmente contra los cuatro órdenes propiamente humanos: el cuidado de la integridad física y emocional, la procreación y crianza, la creación y conservación del territorio, y la sexualidad y el amor. Si un día cualquiera interactuamos con un cliente molesto, un cónyuge cansado, o incluso nos asaltan, convendría tener pleno acceso a nuestras capacidades del córtex antes de propinarle un derechazo al cliente, tramitar el divorcio o darle una fallida patada de karate al ladrón que nos quita la cartera.

Si la persona siente que puede hacer algo ante un acontecimiento aparentemente irresoluble, si cree que puede tener algún control, encontrar una salida, su sistema límbico se desempeñará mejor que el de quien se percibe impotente ante el acontecimiento amenazante. Es decir, si considera que no hay nada que hacer al respecto, la descarga de adrenalina será también inevitable e incontrolable.

El uso de la última capa del cerebro es especialmente efectivo para todas las situaciones en las que no tenemos automatizada una sola respuesta como la mejor, y eso sucede la mayoría del tiempo en nuestras vidas. Hacer vida de familia, de pareja, trabajar, amar, escribir, pintar, platicar o jugar, aunque lo realicemos siete días a la semana durante muchos años, no desarrollan una respuesta genética, instintiva, ni un mecanismo rígido o automático de operación en nuestro cerebro, cuerpo, brazos, manos o visión.

Antes de empezar una actividad más o menos compleja habremos de evaluar, pensar, reflexionar; usar más el neocórtex.

La corteza prefrontal, ubicada en el neocórtex, constituye un filtro de las descargas de adrenalina de los dos cerebros más primitivos, o es, cuando menos para Richard J. Davidson, reconocido neurofisiólogo, "una especie de guía para que otras regiones cerebrales sirvan de amortiguador". Sus contenidos no son tan rígidos ni tan inconscientes e involuntarios como lo son los de los cerebros reticular y límbico.

El amor, el altruismo, el arte, la sensibilidad, el entusiasmo, la espiritualidad van mucho más allá de los burdos y predeterminados modelos de percepción y conducta, espontáneos e impulsivos, del sistema límbico y reticular.[6]

Si bien los cerebros primitivos establecen las rutas neurológicas que perpetúan el estrés traumático, cuando se trata de resolverlo, la neocorteza siempre es necesaria.

La mente de nuestra neocorteza tiende a mejorar constantemente; no le gusta quedarse simplemente ahí; tiene el deseo, la aspiración, de hacernos mejores personas. Cuando logramos superar algún problema, nuestro córtex aprende que si sufrimos es posible buscar nuevamente el nivel de bienestar emocional que se logra con su uso. En este sentido, el cerebro humano es **autosustentable**; cuando encuentra un camino mejor para resolver las cosas lo toma y procura, al tener retos similares, volver a encender los mismos canales neurológicos que le dieron mejores resultados evolutivos.

No estamos hablando de un cerebro en particular, estamos afirmando que el neocórtex de la mente humana también desarrolla la autosustentabilidad cuando cuidamos de un niño en la calle que no es nuestro hijo, cuando nos comprometemos a realizar acciones de beneficio social, cuando regamos un árbol y cuando ayudamos a los demás a ser felices.

No tenemos que esperar a hacer algo trascendental, hemos de ofrecer ahora aquello que mejor sabemos hacer. Tampoco tenemos que esperar a ser adultos, ricos, a estar casados o divorciados, lo mejor es entregarnos cotidianamente a todos aquellos que nos rodean. En el libro *La práctica de la atención plena en nuestra vida cotidiana* (2007), Henepola Gunaratana, monje budista, agrega que "la mejor manera de dar ocurre cuando no tenemos expectativas a cambio, ni siquiera un gracias".

Nuestra mente es infinita y luminosa

El cerebro tiene múltiples funciones, pero la psique le confiere la calidad de humano. ¿Cómo es la mente?

Nuestra mente es la creadora de todas nuestras experiencias; inventó el concepto, en cada uno de nosotros diferente, de lo que es la felicidad, el sufrimiento, el amor, el odio; pero también el concepto de vida y de lo que llamamos muerte.

Todos tenemos una mente convencional que se fundamenta en los aspectos más burdos y ordinarios; percibe y discrimina gracias a las diferencias perceptuales; es decir, funciona por las comparaciones sensoriales y perceptuales que realiza. Es la mente que desea, ignora o rechaza, sufre, goza o está impávida, y tiene pensamientos negativos, neutros o positivos. Por ello es convencional, cambiante, efímera, egocéntrica y dual.

Este escenario mental es un espacio infinito como la bóveda celeste. Si cerramos los ojos para concentrarnos, notaremos que nuestros pensamientos son básicamente imágenes y sonidos que proyectamos en ese espacio interno que no tiene muros, dimensiones, bocinas, ni pantallas en donde se proyecta lo que recordamos, fantaseamos, inventamos. Cuando abrimos los ojos y miramos el mundo exterior, el fenómeno perceptual es diferente: la bóveda "se llena" de eso que está sucediendo fuera, y cuando nos disociamos sucede que (con los ojos abiertos) podemos ver casi al mismo tiempo lo que percibimos dentro y lo que percibimos fuera. Hacemos todo el tiempo, con la mente convencional, mezclas de realidades diferentes.

Buda decía que tenemos otra mente que no es ordinaria sino que es luminosa, en tibetano se llama *Rigpa*, pero esta mente poco a poco va cubriéndose con los deseos exagerados, la ira y la ignorancia. Las percepciones de la mente convencional van obstruyendo la brillantez de la mente no ordinaria y la dejan en la oscuridad.

En las tradiciones espirituales se han utilizado diferentes palabras e interpretaciones para designar al estado de gracia en el que vive la mente no ordinaria. Los cristianos le han llamado "contacto con Dios"; los hinduistas, "revelación de Shiva"; los sufíes, "relación con la Esencia Oculta", y los budistas, "la naturaleza de Buda".

Para Sogyal Rimpoché, la mente convencional es como un jarrón vacío; el espacio interior es idéntico que el exterior. Las paredes del jarro separan ambos espacios. Nuestra mente no ordinaria está en el interior del recipiente. Alcanzar la iluminación implica romper el jarrón. Así, el espacio interior se funde instantáneamente con el exterior; se vuelven uno. Nunca habían sido diferentes; la dualidad termina así. La verdad fundamental no puede ser descrita, ya que hacerlo implicaría utilizar la mente convencional y referencial, que existe solo gracias a las diferencias perceptuales.

Ya había apuntado Matthieu Ricard en su libro *El infinito en la palma de la mano* (2001):

> ... la mente no ordinaria, sutil, tiene intrínsecamente la facultad de ser consciente de sí misma de un modo no dual que no implica separación entre sujeto y objeto. Se define a esta facultad como luminosa, porque puede iluminarse a sí misma y echar luz sobre los fenómenos, es decir, conocerlos.

En la mente ordinaria proyectamos formas, colores, tamaños, luz y movimiento. Estos elementos son los ladrillos, la materia prima, de la que están hechas las imágenes de todos los pensamientos que tenemos en esta mente y, por lo tanto, la manera en que percibimos la vida.

Al recordar sonidos, lo que hacemos es una imitación burda y silenciosa de lo que escuchamos antes. Tratamos de repetir el sonido que nadie escucha fuera; hacemos una edición del volumen, el tono, el ritmo, los silencios, la cadencia y otras características de lo que percibimos en el pasado con nuestro sentido auditivo. Así que si recuerda o imagina la voz de su amigo, cliente o de su madre, lo que está realizando es una nueva composición de lo que realmente escuchó. Reinventamos el mundo, en este caso auditivo, en el que vivimos.

Si recreamos una sensación, un sabor o un aroma, al parecer es necesario evocar una imagen o mirar un estímulo exterior que los favorezca, y en muchas ocasiones, requerimos hasta del recuerdo del sonido para poder volver a percibir las sensaciones de los sabores y los aromas.

Trate de volver a experimentar una sensación conocida, de recordar una sensación sin que tenga un sonido o una imagen unida a su recuerdo; notará que es difícil lograrlo.

Es importante para nosotros recordar que cada sensación tiene un lugar específico, una forma, un grado de tensión, una temperatura, un tamaño particular con los que expresa en el cuerpo. Este conocimiento, como veremos más adelante, es trascendental para el desarrollo de las técnicas de PAS.

> En el "Programa básico de psicología autosustentable" que acompaña este libro, encontrará la técnica "Los ladrillos de la mente" (pág. 8), la cual tiene el propósito de que usted pueda cambiar la percepción de su mente convencional y, con ello, sus emociones.

Ira, apego e ignorancia

Si bien es cierto que tenemos un cerebro reticular, que es instintivo y primitivo, y un sistema límbico, que a veces desborda nuestras emociones, hoy en día sabemos que provocando cambios en el entorno y ciertos ajustes en las emociones y en las actitudes, podemos tener mejores espacios de maniobra y libertad en aquello que hace pocos años considerábamos como inamovible: instintos, impulsos básicos, genes, sentimientos innatos, entre otros factores. Ya no podemos afirmar: "¡yo soy así!", y que esto quiera decir que no lo podemos cambiar. Los humanos podemos regular la actividad de millones de nuestras neuronas de forma intencional y voluntaria. Daniel Goleman nos dice:

> Es biológicamente imposible para un gen operar independientemente de su entorno: los genes están diseñados para ser *regulados* por las señales de su entorno, incluyendo las hormonas del sistema endócrino (adrenalina, cortisol, catecolamina) y los neurotransmisores en el cerebro, algunas de las células a su vez, son profundamente influidas por nuestras interacciones sociales.

Es decir, los genes, las neuronas espejo y la amígdala, no necesariamente tienen que controlar nuestros impulsos, sentimientos o ideas; como tampoco la forma de ser de nuestros descendientes.

A lo largo de 40 años de vida profesional como psicoterapeuta he conocido muchas personas que habían sido rígidas y controladoras; decían: "Así fueron mi padre y mi abuelo", y atribuían a la genética su mal carácter. Estas personas cambiaron esos impulsos y sentimientos; hoy en día son seres apacibles y serenos, con una sabiduría y tolerancia que disfrutan cotidianamente.

También conozco muchas otras cuyos padres y abuelos fueron de carácter pasivo o temeroso: esperaban que los demás les dieran aquello que deseaban; con esfuerzo y tiempo lograron tener una vida más alegre, abierta, flexible y dinámica.

Estos dos tipos de personas, los que se sienten capaces de manipular al mundo y los que quieren que el mundo les provea lo que desean, corresponden a lo que el budismo considera dos de los principales venenos que afectan nuestras vidas. Los primeros sufren de ira, enojo, rechazo, exceso de crítica e incluso a veces de violencia; los segundos sufren de apego a sus ideas, objetos y personas, pueden llegar a ser temerosos, pesimistas y agresivos pasivos. Recordemos que el sistema reptiliano, y más específicamente la amígdala, envía señales para generar, ante una amenaza real o no, una gran cantidad de adrenalina; esta sustancia activa el mecanismo instintivo de tomar-dar o de agresión-huida. Al tener una mente alterada por la ira o la tristeza, no podemos poner cabal atención en lo que es positivo e importante en la vida.[7]

El acelerado crecimiento poblacional, las dificultades de movilidad, el hacinamiento, las deficiencias de los espacios públicos y la violencia intrafamiliar son, para los sociólogos y los urbanistas, los generadores más importantes de la violencia social. Si comparamos estos factores con las funciones del sistema reticular podremos identificar equivalencias.

Para la OMS una de cada tres personas en el mundo se va a deprimir este año; de ellas, dos de cada tres son mujeres.

¿Cuál es el desencadenante más importante de la depresión?

Los expertos coinciden en que son las pérdidas de aquello que las personas tienen o creen que tendrán y consideran valioso: un trabajo, un esposo, la belleza, dinero, un hijo, la salud, entre otros. Cuando un ser humano tiene pérdidas y se deprime es porque tiene un apego hacia aquello que perdió o creyó que tendría; el vacío que deja tal persona, ilusión u objeto, parece irremplazable. Todos podemos entender la tristeza, el miedo y la ansiedad que sienten.

Pero lo que más sufrimiento ha creado en los seres humanos es la ignorancia; que en palabras sencillas significa:

1. No saber que todo es interdependiente; todo está relacionado, no existe nada por sí solo, "yo dependo de todo y formo parte de ello".
2. La creencia de que las cosas son estáticas, que no cambian, y por tal motivo sufrimos cuando cambian. Creemos que lo "bueno" dura más de lo que dura y que lo "malo" nunca llegará. Todo es impermanente.

Gracias a la conciencia de interdependencia e impermanencia podemos hacernos más responsables de nosotros mismos, de nuestros deseos, pensamientos, sentimientos, acciones (u omisiones) y del entorno. Podemos rediseñar nuestro cerebro, nuestra mente y cambiar nuestra vida. La temporada de lluvia siempre llega, los insectos y el viento polinizan, pero nosotros también podemos sembrar las semillas y cuidar los árboles.

No podemos cambiar nuestra mente convencional por la de otra persona, pero sí podemos lograr que tenga menos ansiedad, miedo, tristeza o ira, y así tener mayor claridad. Habremos de regresar a lo que realmente somos en lugar de tratar de ser otra persona, por muy admirable que esta sea.

> En el anexo de este libro encontrará dos técnicas: una para ayudarle a disminuir la tristeza y otra, la ira: "Acaba con el 'pobre de mí'" (pág. 15) y "Apaga el fuego interior" (pág. 19).

Capítulo **IV**

Lo aparente de lo oculto

Daniel Goleman (2007) explica que las mismas sustancias que movilizan al organismo ante una emergencia real son las que graban los recuerdos de esas experiencias; lo hacen con tal intensidad que el sistema límbico "se vuelve hiperactivo y segrega dosis elevadas de estas sustancias químicas cerebrales en respuesta a situaciones que encierran poca o ninguna amenaza, pero que en cierto modo son recordatorios del trauma original"[1].

Los ejemplos que en este capítulo comparto son solo una pequeña muestra de las infinitas manifestaciones de los dos cerebros más primitivos, pero muestran claramente cómo los problemas humanos pueden tener un fondo oculto.

En cada uno de los casos notaremos también cómo los circuitos neurológicos involuntarios establecieron pautas de comportamiento dañinas en las relaciones de estas personas con sus seres queridos.

Amenaza a la integridad física y emocional

¿Por qué a Jimena, de 40 años de edad, le cuesta tanto trabajo reducir 15 kilos de sobrepeso?, y cuando finalmente los baja, ¿por qué los vuelve a subir?

Hace 39 años a Camila, la madre de Jimena, el pediatra le instruyó que dejara que su bebé llorara durante la noche para que se acostumbrara a dormir seis horas seguidas y le permitiera descansar, ya que la bebé de cuatro meses y sus hermanos de dos y cuatro años de edad la tenían muy agotada.

Como era de esperar, cuando la niña pidió el biberón a las dos de la mañana y no lo recibió, lloró durante largo rato por el hambre y la falta de contacto con su madre. Así ocurrió durante varias noches. En esos lapsos, la bebé sintió un vacío, no solo por la carencia de alimento, sino también porque no tuvo a su mamá que la abrazara y arrullara mientras comía. No podía nombrar lo que sentía, pero años más tarde, al mismo hueco en la boca del estómago, Jimena le llamaría angustia, hambre o tristeza.

En esta breve descripción del caso observamos cómo en la mente de la niña surgió una doble e instintiva ligadura: la amenaza a su integridad emocional, provocada por el desamparo (la ausencia de la madre) y la falta de alimento.

La sensación de Jimena en el estómago forma parte de un circuito neurológico en el que, a sus 40 años de edad, cada vez que se siente angustiada o temerosa necesita, por el exceso de adrenalina en la boca del estómago, comer algo para mitigar, aunque sea temporalmente, la acidez o vacío.

Lo que ahora determina que ingiera azúcares o harinas en exceso es el circuito emocional establecido neurológicamente desde pequeñita.

Por la misma razón, cuando Jimena decide nuevamente, por presión de Pedro, su marido, bajar de peso y empieza a seguir una dieta, aumentan todavía más la ansiedad, la tristeza y la desesperación, haciéndole más difícil lograr el resultado deseado. Ante la tristeza y el desánimo de Jimena, Pedro responde con más presión.

Las dietas, cuando son correctas, pueden ayudar a disminuir el peso, pero no resuelven el origen emocional y neurológico de la ingesta de alimento innecesario. El exceso de adrenalina por la amenaza a la integridad emocional por la falta de la madre fue, ha sido y será, también responsable de la sensación de vacío, además de la amenaza instintiva por la falta de alimento.

Amenaza a la procreación y crianza

¿Por qué Jaime no puede dormir los fines de semana hasta que su hijo Héctor regresa por la noche, generalmente una hora más tarde que la habitual?

Jaime perdió por distracción a su único hijo en una playa; el pequeño tenía tres años de edad. El niño corrió siguiendo a un vacacionista que paseaba con su perrito.

El miedo, la culpa, la desesperación que sufrió durante los 20 minutos en que no vio a Héctor significó una amenaza real a su descendencia. Por las descargas de adrenalina y cortisol, durante esos minutos pasaron por la mente de Jaime terribles imágenes, sonidos y sensaciones sobre el destino del niño.

De esta manera, estableció en su cerebro un circuito emocional y neurológico que, sin desearlo, se ha seguido disparando cuando su hijo está fuera de su campo visual. No importa si ellos viven en Puerto Vallarta, en Río de Janeiro o en Madrid: "la pérdida" de su hijo por una hora en la noche, así como otros retrasos similares, provoca que Jaime siga sufriendo miedo y preocupación por causa de un hecho que ocurrió hace 14 años. A la experiencia de no ver a su hijo durante 20 minutos agregó imágenes que nunca sucedieron, diálogos internos pesimistas y las sensaciones correspondientes, como: robo, ahogamiento, hospitalización. Adaptadas al presente, Jaime sigue viendo, escuchando y experimentando imágenes y sensaciones análogas de manera innecesaria, contra su propia voluntad.

Héctor, en cambio, ante la desconfianza de su padre, ha generado resentimiento, además de cierta falta de cuidado hacia sí mismo que lo pone en riesgos también innecesarios. Tal conducta provoca en el padre más miedo y desconfianza. De esta manera, se establece una pauta de miedo-coraje-miedo entre padre e hijo.

Fernanda, la madre de Héctor, quien se enteró dos horas después del incidente, nunca llenó su cuerpo de adrenalina y cortisol por el extravío momentáneo del hijo. Esto la hace más comprensiva (a veces cómplice) y le permite aceptar que su hijo regrese a la casa más tarde los viernes y sábados.

Por otra parte, le parece exagerado que su esposo no logre dormir tranquilamente los fines de semana y que en la mañana siguiente no pueda saludar con amabilidad a su hijo.

Para casi todos los padres, una amenaza a los hijos es una amenaza a su descendencia y a su territorio. Recordemos que los hijos son "como de su propiedad" y, por lo tanto, tienen responsabilidad sobre ellos; muy en especial cuando todavía son pequeños o cuando los padres son sobreprotectores. Si esta "pérdida" la hubiera sufrido Fernanda, es muy probable que la sobreprotección se hubiera extendido a otras áreas de la vida de su único hijo, además de la ubicación geográfica.

Amenaza a la creación y conservación del territorio

Cuando Sebastián nació, sus padres ya le tenían preparada su recámara, su cuna, sus muebles, sus juguetes, su ropa. A los tres años de edad, sin que entendiera cabalmente, su cama volvió a ser cuna y a él lo pasaron a otra cama; algunos de sus juguetes, ropa, la cajonera e incluso su mamá, pasaron a ser "propiedad" de su hermano Alonso.

Al cumplir cinco años le regalaron un perrito; Sebastián exigió que fuera solo de él, pero cuando el pequeño Alonso se encariñó con el animalito, la madre terminó repartiendo entre dos la propiedad del cachorro.

De ahí en adelante, cuando había algún conflicto entre los hermanos sobre la propiedad de los bienes paternos, le pedían al mayor que cediera su territorio al hermano menor, que seguramente tenía menos tolerancia a la frustración, ya que siempre gritaba cuando Sebastián no le quería prestar algún juguete o cuando le pegaba por jugar con ellos.

Esta larga y cotidiana historia de pérdida de su territorio se siguió repitiendo cuando nacieron los otros dos hermanos.

Sebastián experimentó en su familia una pauta interaccional que le decía: "esto que es tuyo, no es tuyo", "esto que te regalé, se lo regalarás a tu hermano".

Cuando Sebastián se casó puso un pequeño negocio; trabajaba junto con su esposa para poder crear su territorio, pero al mismo tiempo desarrolló un fuerte apego a los bienes y servicios que adquirían. La ira, el resentimiento y el miedo generados por la adrenalina se hacían presentes al menor atisbo de amenaza de perder lo que había logrado. Lejos de desarrollar generosidad, como sus padres lo hubieran deseado, el primitivo mecanismo involuntario de defender su territorio, le impedía trabajar sin estrés, disfrutar y compartir lo que tenía.

Entre más ganaba y ampliaba su territorio, más miedo manifestaba.

Bardas electrificadas y guardias de seguridad llegaron a su vida el día que su primer hijo empezó a ir a la escuela.

Aunque las neurociencias separan, para su mejor estudio, los diferentes tipos de amenazas que disparan la adrenalina, en la vida cotidiana los peligrosos desaciertos no vienen solos; las experiencias difíciles están matizadas por dos o tres tipos diferentes de desequilibrios en los instintos básicos.

En este caso, además del territorio, Sebastián temía por la integridad de sí mismo, de su esposa y de su hijo.

Cuando un niño empieza a diferenciar lo que es *él mismo*, surge *el otro,* y a partir de ahí empieza *lo mío* y *lo de los demás*. Lo de los demás y el otro siempre han estado ahí, "por lo que no podemos realmente educar a los niños [...] para que no tengan ningún ego", ni propiedad alguna, nos dice en su libro *Nuestra salud innata* (2007), Chögyam Trungpa. El mismo autor remata con una de las frases que más me han impactado en la vida, respecto de la forma en que habremos de relacionarnos con los niños: "Primero tienen que conocer lo que no hay que tener, deben tener lo que no hay que tener, para que puedan tener lo que sí deben tener".

Amenaza a la sexualidad y al amor

Maya, de 43 años, decidió separarse cuando descubrió que Javier, de 46, tenía una amante. Aunque los problemas sexuales y matrimoniales empezaron desde antes, no fue sino hasta ese momento cuando se manifestaron con todo su dramatismo los acontecimientos pasados, presentes y los que a futuro imagina que la familia vivirá.

A Javier, quien ama a su esposa a pesar de su desliz, le angustia y le atemoriza mucho perder la relación con ella, distanciarse de sus hijos, dividir el salario y sus bienes en dos y que tales recursos no le alcancen para satisfacer las necesidades de su familia y las propias.

A Maya le entristece, enoja y asusta la situación, por no saber qué será de ella y de sus hijos, ya que, además de todo lo que también le afecta a Javier, ella no tiene un trabajo remunerado. Maya sabe que al separarse, él le dará menos dinero del que actualmente recibe.

Los tres hijos se encuentran aún más asustados; entienden de diferente manera que algo muy grave está ocurriendo, saben que su estabilidad física, familiar, emocional y económica, principalmente, han sufrido un sismo irreparable. En donde antes había gritos y después reconciliación, ahora habrá vacío y silencio; si antes había retrasos para pagar la colegiatura de una escuela privada, ahora tendrán que cambiarse a una pública; si antes discutían sobre a dónde ir a pasear el domingo, ahora no saldrán; si veían a su padre un rato por la noche, esto ya no sucederá.

Notan que su madre y su padre sufren, discuten, pelean, se entristecen, y que cada vez que lo hacen el problema aumenta.

El incierto futuro económico y emocional crea inseguridad en todos los miembros de la familia. La tranquilidad de sus hijos en áreas tan básicas como alimentación, salud, esparcimiento, educación, entre otras, se verá vulnerada; lo que antes era de todos ahora tendrá que dividirse, haciendo que el territorio también se reduzca, y en el caso de Javier, incluso pierda la riqueza del trato cotidiano con sus hijos; además de los muebles, los espacios y el departamento en donde vive. La sexualidad exclusiva y la seguridad ya no serán iguales.

La separación definitiva representa el mayor problema y de más larga duración que enfrentarán los miembros de la familia.

Entre más pequeños y más número sean los hijos, entre menos recursos económicos y emocionales disponga la familia, entre menos sana sea la relación entre los padres, el tiempo de sufrimiento tenderá a alargarse.

Los divorcios son los procesos psicológicos familiares más difíciles de superar, no solo porque se rompen varios de los órdenes que rigen los cerebros reticular y límbico –lo cual ya es tremendamente desequilibrante– sino porque a partir de ahí las mentes confusas de los integrantes de la familia, le agregarán a los sucesos reales diferentes explicaciones, emociones, diálogos internos y recuerdos negativos que tratarán de culpar a uno u otro de los cónyuges de las "verdaderas" causas del problema. Los hechos reales, las carencias y ausencias seguirán, pero a todo ello se agregarán explicaciones contradictorias, opuestas, que la pareja y los hijos crearán durante años. Y aún habrá que incluir las confusas intromisiones de amigos, parientes y abogados de cada una de las partes, por lo regular parciales y poco objetivas.

Desarrollar tranquilidad interna y estabilidad externa requiere muchas habilidades de todos los ex integrantes de la familia. A partir del divorcio, la amígdala seguirá enviando señales para producir adrenalina y cortisol ante situaciones peores, iguales o tan solo parecidas. Una cosa es superar el hecho y sus consecuencias fácticas, y otra muy distinta es vencer las cargas emocionales como miedo, rencor, ira, tristeza, celos, inseguridad, es decir, el sufrimiento que agregamos a tales situaciones.

Probablemente Maya, en un futuro, con temor y desconfianza, buscará una pareja que le asegure más fidelidad y que pueda ayudarle a terminar la crianza de sus hijos. Recordemos que esto no será fácil, ya que hoy en día los hijos tardan entre 22 y 25 años en independizarse, tanto económica como emocionalmente de sus padres.

Javier, inseguro en lo económico y más solo que los demás miembros de la familia, buscará relacionarse con una mujer que no le implique mayor gasto, es decir que trabaje, sea soltera y de preferencia sin hijos.

Por todo lo anterior, las posibilidades de tener otra pareja estable se cierran para ambos, y también porque su propia situación limitada por los hijos, ingresos y bienes compartidos, los hacen menos atractivos que aquellos que no tienen estas condiciones.

¿Por qué pensamos negativamente?

Las diversas experiencias que han puesto en riesgo verdadero nuestro equilibrio, han establecido diferentes rutas neurológicas y emocionales, que van desde la percepción original amenazante del estímulo externo y su interpretación por la amígdala, hasta la producción, en las glándulas suprarrenales, de cortisol y adrenalina. Estos circuitos, con el tiempo, se han activado cientos de veces cuando hemos percibido que existe algún peligro; aunque este sea solo producto de una pesadilla, una mentira, una fantasía, una distorsión o una reedición de nuestra mente, o porque el hecho guarda alguna similitud con el que fijó la respuesta inicial impulsiva.[1]

La adrenalina nos preparó originalmente para la defensa o el ataque porque ciertamente, de no activarse la amígdala, el daño al organismo o a nuestros descendientes pudo haber sido mayor. Esta prevalencia de pautas necesarias para la sobrevivencia también pretendía –con dudas y pensamientos negativos en la mente– prepararnos para un desencadenamiento catastrófico de los hechos, cuando apenas se manifestaban los primeros e incipientes indicadores de que las cosas no saldrían como nosotros lo deseábamos. Esta manera de pensar "negativa" y las dudas correspondientes generan adrenalina y cortisol que provocan en nuestro cerebro una alerta preventiva, por si acaso algo peor sucediera.

Las sorpresas desagradables, de ahí en adelante, tienden a ser esperadas en el sentido de que nuestra mente las prevé antes de que sucedan; generalmente las cosas no son tan malas como las imaginamos, pero cuando sí lo son, gracias a la prevención podemos atenuar su efecto, preparándonos para la huida o el ataque.

Un ejemplo: la agresión en el juego de Lorena Ochoa

¿No te da miedo pegarle a alguna persona cuando el *fairway* ("calle" de los campos de golf de ciertas características) es muy angosto?, le pregunté. "Yo ni los veo", fue la respuesta que obtuve de Lorena Ochoa en enero de 2004, cuando esta importante golfista y Rafael Alarcón, su entrenador, enviados por el doctor Guillermo Carrillo, visitaron mi consultorio.

Me propusieron que formara parte de su equipo para asesorarlos en lo psicológico y en las estrategias emocionales y de concentración que se requerirían tanto dentro como fuera del campo. En ese entonces, Lorena ya se ubicaba entre las siete mejores del mundo.

Era una muchacha capaz de "borrar" de su mente los obstáculos y distracciones, lo que le aseguraba en sus salidas hacer tiros incluso superiores a 280 yardas, esta, *per se*, una distancia considerable. La concentración que lograba al salir de sus marcas era tan clara, que no pasaba por su mente la posibilidad de enviar la bola hacia un lado u otro y causar un accidente. No dudaba, tomaba el palo de golf, veía el objetivo y golpeaba la pelotita con tal fuerza y precisión que la enviaba a la distancia y punto que había visualizado en su mente.

La destreza del *swing* de salida de Lorena (giro del cuerpo para hacer el tiro) era de los mejores de la Asociación de Mujeres Profesionales de Golf (LPGA por sus siglas en inglés, Ladies Professional Golf Association). Pero ¿por qué no tenía los mismos resultados arriba del *green*? Esta es una cancha de césped muy corto, que puede tener ondulaciones; en ella la pelota descansa sobre el pasto, a diferencia del *fairway*, donde se coloca sobre una pequeña base llamada *tee* de salida y se impulsa para que alcance una gran distancia. En el *green* el golfista debe rodarla con precisión hasta el hoyo sin que se levante del suelo, calculando perfectamente la fuerza y las curvas del terreno.

Recuerdo que después de acompañarlos en un torneo de la gira en 2004, le comenté a Rafael que la fuerza que permitía a Lorena hacer tiros larguísimos de salida era su mayor enemigo en los tiros cortos sobre el *green*; le recomendé trabajar más en la tranquilidad y templanza de Lorena, para que pudiera aplicar sus habilidades en estos últimos tiros. En aquel entonces los de precisión de corta distancia y los de arriba del *green* eran áreas de oportunidad para Lorena. Añadí:

Los jugadores que son agresivos tienen buenas salidas, pero fallan con el *putt* los tiros cortos de precisión (debido a la fuerza del sistema reptiliano). Y aquellos que son buenos arriba del *green* suelen ser personas más serenas y tranquilas (como manda la neocorteza cerebral), pero les falta "la garra".

En este comentario otra vez me referí al ímpetu de los sistemas más primitivos.

En una sesión en la que trabajamos para que ella fuera más precisa arriba del *green*, como ella relata en su libro,[2] le dije, hablándole muy despacio:

> Cierra los ojos y observa a tu mamá en todas sus actividades, fíjate cómo camina, cómo se mueve, la gracia con la que toma las cosas, mírala mientras ejecuta su trabajo, cuando pinta o cuando esculpe, con cuánta sensibilidad y delicadeza lo hace. Pon atención en cómo se inspira y cómo utiliza todos sus sentidos en su obra.

Como acertada y generosamente acota Lorena, poner atención plena en lo que hacía su madre le ayudó a desarrollar aún más su "lado femenino, la sensibilidad, el pensamiento estratégico, la precisión, el detalle, el poder percibir más allá, la inspiración". Debo aclarar que, para ese entonces, Lorena ya había practicado asiduamente varias de las técnicas descritas en el "Programa básico de Psicología autosustentable".

Carlos Ortiz, en aquel entonces de 15 años, jugaba parecido a Lorena en cuanto a la fuerza de sus salidas y no era tan preciso en su juego de acercamiento; él era agresivo pero le faltaba la serenidad para embocar en el *putt*, o sea meter la pelota en el hoyo sin levantarla del suelo.

A lo largo del tiempo que trabajé con Lorena y Carlos pude observar que mi creencia sobre el vínculo entre la agresión y la distancia de sus salidas se confirmaba; gracias a ello podíamos ayudar a los jugadores a mejorar el aspecto mental y su desempeño en diferentes áreas de la vida. Era como si tuvieran la fuerza, la agresividad, pero les faltara un trabajo delicado con sus emociones, un trabajo fino. Diez años después Carlos Ortiz sigue destacando, a nivel mundial, como uno de los mejores de su generación.

Actualmente, todos reconocemos en Lorena Ochoa a quien fue en su momento la mejor jugadora de golf a nivel internacional, gracias a la enorme capacidad y disposición para aprender y desarrollar su templanza.

A lo largo de mi trayectoria como *coach* y psicoterapeuta he atendido en el consultorio a más de 12 mil personas, pero Lorena ha sido quien más fielmente siguió las técnicas y sugerencias que le instruí. La humildad de Lorena fue una de las grandes enseñanzas que ella siempre me compartió.

Aunque Lorena ya tenía la agresión y la templanza que se requerían para salir, embocar y ganar los torneos, decidió dejar la LPGA para dedicarle más importancia a su vida privada. Sus deseos habían cambiado.

Esto nos recuerda que no solo necesitamos un buen jinete y un buen caballo; para llegar, requerimos la voluntad, el firme deseo, que no es lo mismo que el apego, para lograr algo. ¿Qué es aquello más profundo, más humano que Lorena no había alcanzado?, ¿qué tan fuertes son los instintos de la procreación y la crianza?, ¿qué es lo que Lorena deseaba en ese momento de su vida? Siempre fueron buenas preguntas.

Poner plena atención parece algo obvio para quien en determinado momento juega golf, pero no lo es tanto cuando sale del campo y su mente sigue fija en los malos resultados de los hoyos que jugó.

La mente del jugador sigue mirando aquellos momentos desagradables, no como algo que le pasa al vecino o como una película dramática que vimos por TV, sino como si esas experiencias siguieran sucediendo en este momento. Tiene las jugadas presentes, sigue cargando la bolsa, el bastón, los diálogos internos, las imágenes del campo ¡en este momento! Sigue molesto dos horas después de que terminó ese torneo tan importante. ¿Dos horas? Dos meses... dos años.

La mayoría de los jugadores, cuando se equivocan, toman decisiones con base en el pasado y en cómo se imaginan que jugarán, o en lo que creen que fue su mejor *score* o marca; y no en lo que realmente son en este momento y en una buena lectura de las condiciones específicas del campo y de las personas con las que juegan. Este desfase temporal y espacial es la fuente más común de frustración de quienes juegan algún deporte, y de todas las personas en general.

Cuando usamos el sistema neurológico reptiliano para jugar golf, futbol, basquetbol o tenis, entre otros deportes, podemos pegarle a la bola con fuerza y violencia, o con miedo. Cuando sumamos el funcionamiento del sistema límbico de nuestro cerebro, golpeamos involucrando, además de la agresión, habilidades emocionales como el coraje y la pasión, o la suavidad y la fineza.

Si a esto le agregamos las funciones mentales de nuestra neocorteza cerebral, el juego se volverá extraordinariamente equilibrado entre la agresividad y la precisión para los tiros de larga distancia; la precisión y la templanza para los de media; la templanza y la sabiduría para los que se realizan de aproximación y de máxima precisión, y entonces tendremos un jugador de la talla de Lorena Ochoa.

Capítulo V

El poder oculto de la mente

La psicología autosustentable

Si desarrollamos el poder oculto de la mente podemos ser amables, sinceros, amorosos, alegres; es una realidad que la motivación última de todo ser humano es no sufrir y ser feliz. Nos transformamos en líderes espontáneos, naturales y mesurados.

Este poder oculto es una evidencia más de la capacidad de armonizar las funciones de nuestros tres cerebros, de los cuales, la neocorteza es la parte catalizadora y reguladora de los otros dos. Cuando desarrollamos esa potencialidad enfrentamos las dificultades y los problemas buscando la mejor alternativa. Tomamos decisiones responsables y conscientes, con una actitud de servicio que enfoca y atiende las necesidades ajenas.

Para lograr lo anterior debemos contar con una excelente capacidad de atención y concentración que nos permita identificar pautas en los comportamientos y afectos para actuar positivamente en la vida personal, en la interacción con los demás, y en general, en el medio que nos rodea.

Quien desarrolla estas capacidades posee una mente que sigue procedimientos autónomos para sentirse mejor, procedimientos más aptos para convivir y trabajar; sabe que para ser feliz ha de pensar en los demás. No se trata de renunciar a las cosas con las que vivimos, a la familia o a nuestros amigos, sino de renunciar a seguir sufriendo y a nuestra manera equivocada de considerar a las personas, los objetos y al mundo como propiedades permanentes.

La psicología autosustentable considera que el ser humano es capaz de manejar sus afectos de manera productiva, autónoma y autosuficiente; de hacerse responsable de sí mismo. Tanto el cerebro como la mente son evolutivos; para no sufrir requerimos un método práctico que, una vez aprendido, permita que la mente y el cerebro se autorregulen y retroalimenten.

Diseñe su mente

Aunque las combinaciones de todos los sentidos son muchísimas, existen tres tipos básicos de percepciones internas a las que nos vamos a referir, que es necesario identificar y manejar correctamente: sonidos, imágenes y sensaciones.

Por nuestra mente y nuestro cuerpo atraviesan sin cesar infinidad de pensamientos y emociones que poco o nada tienen que ver con lo que está sucediendo en el tiempo y lugar en el que estamos. Lo interno se mezcla con las sensaciones y percepciones externas.

Para poder concentrarnos en lo que hacemos debemos reconocer, tomar conciencia de cuál es el pensamiento específico y la emoción que nos distrae, e identificar sus cualidades.

Ahora mismo, mientras lee, pregúntese qué tipo de pensamientos le han distraído durante esta lectura: ¿son imágenes?, ¿es diálogo interno?, ¿son sensaciones?, ¿son del pasado o del futuro?

¿Y qué es la distracción? Es un estado que producen los pensamientos que no tienen relación con lo que deseamos pensar.

A las sensaciones de calor en la boca del estómago y tensión en las mandíbulas, asociadas a recuerdos que nos desagradan, le llamamos frustración, enojo o ira.

Cuando hablamos con nosotros mismos en silencio, tratándonos con rudeza, exceso de crítica o culpándonos, decimos que tenemos un diálogo interno negativo. A la consecuencia de esto le llamamos baja autoestima.

Si generamos constantemente imágenes internas, ideas, objetos, proyectos que no existen, las personas nos dicen que somos creativos.

A la sensación de vacío en el estómago y de no encontrar nuestro lugar le llamamos ansiedad.

Cuando tenemos una sensación de nudo en la garganta reconocemos que estamos tristes.

Si sufrimos contracturas en el cuello o en la espalda decimos que estamos preocupados, cansados y que algo nos estresa.

Si existe opresión en el pecho y sentimos que los márgenes de acción para resolver los problemas son reducidos, a esa sensación le llamamos impotencia. Este sentimiento es el que más adrenalina, cortisol y catecolamina genera.

Cuando pensamos subjetivamente que contamos con alternativas para resolver los problemas, aunque nos preocupemos, no perdemos el control de nuestras emociones.

Detener el diálogo interno

Con frecuencia experimentamos una diversidad de sensaciones, emociones e imágenes acompañadas de diálogos internos que nos perturban y nos impiden realizar concentradamente nuestras actividades. Por más que queramos, las palabras, las frases negativas repetidas en silencio no dejan de retumbar en nuestra mente y vulneran nuestra manera de pensar.

¿Cuántas veces se ha criticado a sí mismo repitiendo en silencio las frases que, probablemente, alguno de sus padres le dijo con ira o tristeza? ¿Cuántas horas ha perdido intentando dormir porque no lograba dejar de hablar con usted mismo?

Los seres humanos sufrimos más por lo que nos decimos en silencio, convencidos de que el contenido de nuestro discurso es cierto, que por lo que nos dicen o hacen. Nuestra manera de calificar las experiencias y nombrarlas como negativas es lo que nos duele; creemos que eso negativo que nos decimos en silencio es la verdad. Repetimos las frases en nuestra mente en diferentes momentos, decenas de veces, para convencernos de que nuestros sentimientos negativos son solo una reacción y no una causa de lo que los demás nos hacen. Lo más lamentable es que con el paso de los años esta manera de hablar con nosotros mismos crea una pauta inconsciente que determina lo que es bueno, malo, real, correcto, verdadero o falso.

Por ejemplo: que tengamos frío, que digamos algo inapropiado, que no hagamos lo que deseamos sin que exista un indicador como la frase interna "tengo frío", "qué barbaridad dije", o "esto no es lo que quería", puede ser parecido a realizar una actividad sin pensar, sentir, ni evaluar. Vivir las experiencias *per se* podría ser perjudicial si no reflexionamos y nos damos cuenta de lo que sentimos y hacemos. El diálogo interno también es positivo, nos permite tomar consciencia y hacernos responsables de lo que estamos viviendo.

Al hacernos conscientes de que tenemos frío, nos tapamos; al repasar en nuestra mente en silencio y evaluar lo que dijimos a la otra persona, adquirimos la posibilidad de modificar el lenguaje y pensamos, por ejemplo: "debo cambiar el tono y el volumen en el que digo las cosas"; al revisar en nuestra mente la película de lo que hemos hecho y decir en silencio "esto no es lo que quería hacer", podemos elegir otra acción.

Es importante ser conscientes del diálogo interno que nos ayuda y diferenciarlo del que nos engaña y perjudica, ya sea porque es una mentira que nos devalúa o porque nos sobrevalora y nos hace creer lo que no somos, produciendo egoísmo y pedantería.

> La técnica "Detén al enemigo" que encontrará en la página 12 del libro anexo, contiene una fórmula sencilla que le puede ayudar a terminar con el diálogo interno que no le ayuda.

Imágenes que nos hacen sufrir

Los pensamientos son una edición, una invención de nuestra mente que por lo general se parece a la realidad externa: la bola de golf que miramos en el *green* no es la bola que realmente está sobre el pasto, el auto que yo creo que compré no es el que está guardado en la cochera.

Esto significa que la bola, la distancia, el *putt*, el hoyo, el color del auto, las llantas que miramos en nuestra mente, no son reales, son una proyección interna que construimos subjetivamente. La bola real y el auto están fuera, no dentro de nuestro cerebro. Lo mismo sucede con todas las demás cosas. Lo que creemos (o estamos seguros) que es nuestro trabajo, cónyuge, amigo, hijos, religión, partido político o país es solo la manera en la cual cada uno puede mirar lo que percibe. Esto que parece una obviedad en el mundo de las ideas, de las reflexiones, no lo es en el terreno de la práctica; aunque suene lógico, seguimos comportándonos como si supiéramos "realmente" cómo son las cosas. Por eso a quienes no piensan como nosotros los tildamos de ignorantes o malintencionados. Por ello casi siempre creemos estar en lo cierto y que los demás están equivocados.

Cuando no vemos, escuchamos o sentimos adecuadamente por fallas físicas perceptuales, la falta de correspondencia puede paliarse o resolverse en muchos casos con, por ejemplo, lentes, aparatos de audición y otros instrumentos tecnológicos que suplen nuestras deficiencias e incluso amplían los límites naturales de la percepción humana.

Otro problema es que a menudo nuestra atención no está dirigida fielmente al objeto de nuestro interés. Solemos distraernos; pensamos visualmente en demasiadas cosas al mismo tiempo y esto dificulta que nuestra mente registre, calcule y decida adecuadamente. No podemos estar en tiempo presente de manera precisa; miramos hacia muchos lados que no nos interesan, tanto en lo que acontece fuera como en lo que recordamos o imaginamos. Perdemos el foco, no podemos concentrarnos.

Es como si camináramos por una ciudad absolutamente oscura, y para poder mirar las calles, las personas, los edificios, trajéramos prendida una lámpara portátil, pero sin poder controlar nuestra mano, y esta se moviera arbitrariamente en todas direcciones, sin enfocar algo concreto y detenerse ahí. ¿Cómo podríamos orientarnos? La mano representa nuestra mente; la luz, nuestra conciencia; y el foco de atención, todos los lugares hacia donde apunta la lámpara.

También es cierto que para poder mirar, evaluar, decidir algo que está sucediendo en el presente, es necesario recordar o "futurear". Esto es común e ineludible.

Nuestra mente está produciendo diálogos internos falsos, positivos, neutros o negativos, recreando imágenes y sensaciones que ya pasaron o que aún no han sucedido, y creemos que son la realidad.

A veces, cuando creemos que "ahora sí entendimos la realidad", lo que hacemos es desechar cierta información que nos estorba, recuperar otra más pertinente, hacer una nueva edición de la realidad e intentar predecir que algo sucederá.

El cuerpo sufre durante una pesadilla, una fantasía o una ensoñación, lo mismo, o más, que cuando suceden escenas parecidas en la vida diaria. Nos confundimos entre lo que pasa fuera y dentro; esto generalmente acontece sin darnos cuenta.

Sucede que mientras estamos parcialmente en el ahora, en algo que sí está ahí fuera, casi al mismo tiempo atraviesan por nuestra mente imágenes de contenidos que poco o nada tienen que ver con lo que está ocurriendo.

Nos causa sufrimiento algo que ya no existe, peleamos con nuestro hijo o nuestra madre por algo que sucedió hace meses o años, nos divorciamos, hacemos la guerra o incrementamos el calentamiento global porque no diferenciamos adecuadamente el pasado del presente. Los acontecimientos que nos impresionaron ayer es evidente que no están sucediendo de la misma manera hoy, a menos que, como dice Choedak Yuthok en *Vida de pareja feliz* (2007), "nosotros mismos decidamos volver a reproducirlos en nuestra mente". Conjeturamos, suponemos, inventamos sin darnos cuenta de que todo ello no es real.

Si llevamos tanto tiempo mezclando imágenes y emociones reeditadas con la realidad externa y teniendo resultados indeseables, ¿por qué no disminuir las imprecisiones y sus perturbaciones para convertirnos en mejores personas y lograr ser felices?

> La técnica "Atención plena" incluida en la página 9 del "Programa básico de psicología autosustentable" tiene como propósito lograr lo que el párrafo anterior propone.

Emociones, felicidad y salud

Todos deseamos ser felices y no sufrir. Si vivimos en el campo, en una ciudad, si trabajamos, tomamos un café, leemos, escribimos, vamos al cine, practicamos un deporte, hacemos un viaje, jugamos dominó, leemos este u otros libros o conversamos con un amigo es porque creemos que realizando estas actividades vamos a ser más felices o, cuando menos, no vamos a sufrir. El propósito de ser felices, no sufrir y ayudar a los demás a lograrlo constituye la explicación última de toda motivación humana.

Las personas que son felices no sienten tantas amenazas, tienen un sistema inmunitario más fuerte, producen menos cortisol y adrenalina; si se exponen a virus, bacterias, hongos o parásitos son más resistentes que quienes sufren. "Cuando una persona vive una experiencia feliz su química sanguínea mejora, su presión arterial y ritmo cardiaco tienden a disminuir", nos recuerda Layard en su libro *La felicidad (2005)*. Los sentimientos positivos que experimentan son un excelente pronóstico de la calidad y del tiempo de vida.

Cuando existe un cambio en el ambiente que rompe el equilibrio, amenazando alguno de los principios de la sobrevivencia, el cerebro reticular y la amígdala se activan, enviando una señal de alerta al tálamo. Esta estructura neurológica envía las señales a otras estructuras del sistema límbico y a la neocorteza cerebral. Por su parte, las señales del sistema límbico transitan al hipotálamo, al sistema inmunológico y a la hipófisis y, más específicamente, al sistema endocrino y sus glándulas suprarrenales que son las encargadas de interpretar tales mensajes como amenazantes y generar adrenalina, cortisol y catecolaminas. Este ciclo es reconocido como las respuestas emocionales de ira y ataque, o de miedo y huida que generalmente se perciben en la parte del cuerpo comprendido entre el cuello y el bajo vientre.

Cuando el sistema inmunológico recibe la señal de que existen altas concentraciones de adrenalina y cortisol, "se distrae" de sus funciones tradicionales de resguardo de enemigos como virus, hongos, parásitos y bacterias, atacando con sus linfocitos a la adrenalina y al cortisol provocado por nuestras emociones perturbadoras. Esto puede disminuir la eficacia de nuestros guardianes de la salud que, además, a través de los linfocitos B y T, también tienen el encargo de acabar con células infectadas o cancerosas. Esta distracción, ahora necesaria ya que sin ella tendríamos más pronto colitis, gastritis, úlceras, cáncer, infartos, entre otros males, impide que todo el equipo de defensa nos proteja de los agentes patógenos.

Si fuéramos más amorosos y alegres, en lugar de la adrenalina y el cortisol innecesarios, produciríamos hormonas como las feromonas o las endorfinas, que son interpretadas en nuestro cuerpo como las causantes de muchas de las emociones positivas que producen bienestar y salud. El optimismo ha demostrado ser un mejor indicador del pronóstico de supervivencia, que cualquier otro factor de riesgo, como la presencia de colesterol o presión sanguínea en quienes han sufrido un primer infarto.

En abril de 2011 Laura, de 14 años, me pidió le ayudara con su coraje y a quitarse unos mezquinos que tenía en las manos. Apliqué las técnicas "Los ladrillos de la mente" y "Detén al enemigo" contenidas en el pequeño libro anexo.

A finales de mayo, un mes después de ayudarla a que su atención no estuviera fija en los mezquinos para que no siguiera enviando sangre a esas zonas, y su sistema inmunológico no se "distrajera", los granitos habían desaparecido de su mente y de su piel.

Si pudiéramos disminuir la ira, el miedo y la tristeza, nuestro sistema natural de defensa no se "distraería", no tendría que producir más leucocitos y podría cuidarnos mejor de los microorganismos y células cancerosas.

Parece natural que todos nos sintamos atraídos por aquello que nos hace bien y nos agrada, y nos alejemos de lo que nos hace daño. Esto que la amígdala regula en la vida de los mamíferos, en el hombre contemporáneo no es tan claro. De manera recurrente nos confundimos: lo perjudicial, como el alcohol; el abuso de Internet; el consumo innecesario de objetos o servicios, entre otros distractores, aparece como lo deseable y benéfico.

Con frecuencia no logramos ser felices y no sufrir; confundimos la felicidad con el placer o el gozo. El sistema reticular y el límbico, en estos casos se imponen a la neocorteza cerebral; incluso se podría afirmar que la búsqueda incesante del placer nos aleja de la felicidad.

Un satisfactor lo es solo mientras lo necesitamos; es decir, requiere que existan un displacer y una necesidad: si tenemos hambre, comemos; a las pocas horas de nuevo tenemos la insatisfacción y, si eso se prolonga, sufrimos por la falta de alimento y la infelicidad aparece en nuestras vidas. El placer, en este caso, está apareado a un satisfactor. La necesidad es cubierta por el alimento, el gozo se explica por lo exquisito del alimento. La satisfacción y el gozo son solo momentáneos, no pueden durar todo el tiempo; la necesidad exige alimento, pero el gozo cada vez desea más cantidad o calidad en el satisfactor. No podemos acceder por esta vía a la felicidad.

Esas emociones y excitaciones de los sentidos no son la felicidad verdadera. Cuando se logra la felicidad desaparece la excitación y aparecen la armonía y la paz.

¿Por qué la riqueza, la fama, el poder, la avidez por tener sexo y la belleza física no producen felicidad?

Estos cinco deseos que el ser humano busca con tanta desesperación pueden proporcionar satisfacción, gozo, placer e incluso éxito, mas no pueden darnos felicidad. Pero sí nos hacen infelices si no logramos los resultados que deseamos y, como eso casi siempre sucede, nos enojamos o entristecemos todo el tiempo.[2]

La felicidad no es un sentimiento específico como el placer, la euforia o el gozo, es un estado generalizado y profundo del ser humano.

Junto con el diálogo interno y las imágenes que nos perturban, existe otra gran fuente de insatisfacción y que, a mi entender, es el mayor distractor mental. Me refiero al conjunto de emociones y sensaciones desproporcionadas que nos perturban e impiden lograr la concentración y la felicidad que deseamos.[3]

Cuando una persona experimenta una emoción muy fuerte como ira, coraje, frustración, miedo, tristeza o celos, no puede pensar adecuadamente, ni hablar con claridad; los sentimientos le provocan una gran confusión que también le impide escuchar a los demás cabalmente. Por eso no es conveniente tratar de convencer a nadie cuando es presa de una emoción intensa.

Paul Ekman, uno de los investigadores que más ha estudiado las emociones, nos aclara que:

1. Las emociones, a diferencia de los pensamientos y las ideas, transmiten señales de su existencia.
2. Se presentan en formas completamente ajenas a la conciencia, cuando menos en su manifestación inicial.
3. Duran generalmente pocos minutos.
4. Van acompañadas de diversas sensaciones corporales.

Revisemos: si las emociones transmiten sensaciones y señales en el rostro, el estómago, el pecho, las manos, entonces podemos darnos cuenta de su presencia y transformarlas; no deteniendo su manifestación inicial, sino las sensaciones posteriores, el pensamiento, el diálogo interno negativo, el recuerdo del suceso que nos obliga a sufrir de nuevo la emoción original.[4]

Cuando tenemos ira fruncimos el ceño, gritamos, manoteamos, golpeamos, nos alejamos, hacemos gestos o señas obscenas. Después de diez minutos, la adrenalina disminuye y la ira tiende a desaparecer; al poco tiempo, sin estar ya enojados, reeditamos en nuestra mente el hecho inicial que causó nuestro enojo, nuestras sensaciones y diálogos internos. Se activan la sensación de opresión en el pecho y de vacío y calor en la boca del estómago, regresa; pensamos: "¿Pero, cómo permití que me volviera a hacer lo mismo?". Nos volvemos a enojar y concluimos: "¡Le voy a dejar de hablar para que aprenda, para que sienta lo que yo sentí!" Por esto último, que hacemos reiteradamente, podemos estar días o meses constantemente enojados incluso con alguien por quien sentimos amor.

Somos nosotros mismos quienes en silencio seguimos alimentando nuestras emociones perturbadoras, ya que la causa de la emoción posterior no es el hecho original sino la reiterada sensación y evaluación del evento.[5]

La ansiedad, aprensión, preocupación, angustia, temor, miedo, fobia y pánico son emociones muy fuertes que producen diversos grados de agitación en la mente; dichos estados nos pueden llevar a actuar y pensar en formas particularmente dañinas, hacia nosotros mismos y hacia los demás. Tales sensaciones y emociones se presentan amalgamadas; surgen en nuestro cuerpo ante la impotencia como sentimientos inaplazables, ya que la mente reticular y la emocional o sistema límbico no tienen la cordura y la capacidad para decidir cuál es el sentimiento que deberíamos sentir en tal o cual situación.

En el instante en que el disparador del trauma se presenta, si no hemos trabajado adecuadamente con ello, es de esperar que no podamos escoger si nos ponemos ansiosos, si debemos de tener miedo, pánico, o nos enojamos y agredimos.

> En el anexo encontrará las técnicas "Conócete a tí mismo", "Disuelve tus mentiras", "La guerra y la paz" y "Se acabaron los cobardes" para controlar estas emociones (págs. 7, 10, 13 y 17).

Capítulo VI

Lo oculto de lo aparente

Armonía con los demás

> *Nuestro instinto básico es hacer el bien,*
> *aunque nuestros actos a veces lo contradigan.*
> Choedak Yuthok

Thich Nhat Hanh, el célebre monje budista propuesto para el premio Nobel de la Paz, dijo que la plena atención es:

>...la capacidad que existe en cada uno de nosotros para estar presente al ciento por ciento ante lo que está ocurriendo en nuestro interior y en nuestro entorno [...] es la base para curarnos, transformarnos y crear más armonía en nuestra familia, en nuestra vida laboral y en nuestra sociedad.

Poner plena atención es algo que todos hemos realizado en diferentes momentos de la vida. Aunque es algo simple y cotidiano, a veces puede constituir un verdadero reto.

Es importante que cualquier cosa que hagamos la realicemos comprometiendo nuestro ser. Ya se trate de asuntos sencillos o complejos, es necesario involucrarnos con plenitud; lo mismo habremos de hacer si escribimos un libro, jugamos, comemos, legislamos, escuchamos a un amigo, vemos una película, reflexionamos, caminamos, comemos o participamos en una conferencia. En cada momento de la vida debemos estar en tiempo presente; *es el único que existe*. El pasado y el futuro son conceptos inventados por la mente del hombre.

Manejar un auto requiere de toda nuestra atención; por ello, es mejor que cuando manejemos no hablemos, mandemos mensajes por un teléfono celular y no regañemos a los niños. Que mientras escuchemos a la pareja no pensemos en el trabajo o viceversa, mientras intentemos descansar, no tengamos pensamientos preocupantes que impidan dormir; mientras cocinemos, solo cocinemos, que se comprometan ambas manos y ambos hemisferios cerebrales, es decir, mente, cuerpo y sentimientos en lo que estamos preparando; solo así lograremos realizar el mejor platillo (trabajo, examen, conversación) de que nuestro talento es capaz.

Hay que soltar el pasado y el futuro; concentrarnos en cada paso por pequeño que sea. En muchas ocasiones, como hemos realizado a lo largo de varios años las mismas actividades, tendemos a acostumbrarnos y ya no ponemos en ellas toda nuestra atención; ya no las disfrutamos, y entonces, nuestro trabajo y la vida entera se vuelven rutinarios. Hemos logrado, al no poner atención plena en cada instante, que el mundo pierda el brillo, la alegría que da el estar conscientes y comprometidos con lo que vivimos. Total atención no quiere decir aferramiento, avidez o desesperación; ser conscientes con todo nuestro ser quiere decir fluir con el mundo, no desesperarnos, no actuar sin prisa si no es necesario, pero tampoco ser pasivos.

Si tomamos agua, café o un té habremos de tomar el recipiente, sentirlo en las manos, ser conscientes de los movimientos que hacemos para llevarlo a la boca, saborear el contenido y sentir su temperatura, liquidez y las sensaciones que produce en el estómago.

Cuando somos uno con lo que hacemos, en ese momento nos sentimos, estamos plenamente vivos.

Probablemente algunas personas piensen que debamos hacer las cosas "rápido y bien"; eso puede ser a veces conveniente, pero cuando la actividad no se ha automatizado, al poner atención tendemos a mejorar aquello que hicimos rápidamente.

Todos sabemos platicar coloquialmente, pero muy pocas personas lo hacen con plena atención; mientras los demás hablan nos suele suceder que no escuchamos todo lo que nos dicen, replicamos, dudamos, criticamos en silencio y muchas veces hasta interrumpimos mientras la otra persona trata de darse a entender y ser escuchada. Y cuando hablamos, a veces no podemos hacerlo ordenadamente, nos atropellamos, cambiamos las palabras, las ideas, decimos cosas cargadas de emociones del pasado y luego nos sentimos inadecuados por hablar de esa manera, y la otra persona también se siente mal y permanece sin entender lo que tratábamos de decir. A veces, cuando escuchamos y hablamos, no sabemos poner plena atención a nuestros sentimientos y pensamientos. Al parecer, "aprovechamos" los silencios en la conversación para decir lo primero, no lo mejor, ni lo más importante que pensamos; sin ser plenamente conscientes, pero sí responsables, de todo lo que decimos y de lo que no decimos.

En una discusión, poner plena atención en lo que uno va a decir, fijarse en las palabras antes de pronunciarlas, en el tono y la forma en que expresamos nuestros sentimientos e ideas es necesario para darse a entender, pero es igualmente importante saber escuchar con atención verdadera a todas las personas con las que interactuamos cotidianamente.

Podemos decir que escuchamos con plena atención cuando comprendemos la intención positiva o el sufrimiento que la otra persona experimenta, a partir de lo que nosotros dijimos, hicimos o a partir de lo que no hicimos, y la otra persona esperaba que hiciéramos.[1]

La plena atención es uno de los prerrequisitos de toda buena comunicación.

> En el "Programa básico de psicología autosustentable" anexo le comparto la técnica "La muerte del ego" (pág. 21), para ayudarle a tener una comunicación con plena atención.

Las dificultades no son problemas

Si no hablamos ni escuchamos con plena atención, suele suceder que una dificultad, algo que se podía resolver con una buena comunicación, se transforma en un problema interaccional, en algo más complejo. Cuando somos dispersos y poco atentos podemos hacer pasar un mal momento a los demás sin que sea necesario.

Una dificultad es una situación más o menos natural que altera ligeramente nuestro equilibrio en algún área de la vida, pero que no requiere mayor intervención. No es necesario que la amígdala se reactive, con dejar pasar el tiempo, descansar o hablar tranquilamente se resuelve la frustración que experimentamos; ya sea que hayamos dado un mal pase en un partido de basquetbol, que hayamos chocado nuestro auto o que la comida en el restaurante no haya tenido el sabor esperado. No es necesario agredir a nuestro compañero de equipo, liarnos a golpes en la calle o regañar al mesero; con un poco de paciencia la dificultad se resuelve sin necesidad de una intervención exagerada.

Muchas personas cuando manejan se enojan; hasta pelean porque un conductor las rebasó en su automóvil de manera inadecuada o porque otro más las miró "feo" o les dijo de manera provocadora "¿qué te pasa?", "¿qué quieres?", o las insultó con el claxon. Las personas impulsivas suelen agredir a aquellas que consideran inferiores, en alguna escala de la vida, cuando sienten una pequeña amenaza. El dueño de la empresa maltrata al empleado; el marido, a la mujer; la madre, al hijo; el policía, al ciudadano; el amo, a la mascota.

A veces los problemas se manifiestan cuando una persona tiene ira y la otra, miedo; con el paso del tiempo, la persona que ha tenido miedo va, en silencio, acumulando su frustración hasta que se transforma en resentimiento y un día también explota y agrede con violencia a quien la ha ofendido; algo que era una dificultad se vuelve un problema. Cuando es solo una dificultad debemos dejarla pasar y no volverla un problema, pero si es un problema lo conveniente es intervenir.

Por ejemplo, si en el momento en que esperamos a nuestra pareja alimentamos la mente con ideas perturbadoras, preparamos con antelación un discurso que descargaremos con la fuerza de la ira o con el deseo de que se sienta mal por haber llegado nuevamente tarde. ¿Y qué obtendremos? Lo mismo: nuestra pareja también habrá preparado, al saber que llegaría con retardo, una serie de pretextos o razones que también nos las hará saber antes de que hayamos terminado de decir nuestro discurso. Deseábamos pasarla bien con la persona que amamos y solo logramos, con nuestra queja o nuestra habitual tardanza, que la noche o el fin de semana se volvieran un problema. Logramos, sin darnos cuenta, que una dificultad se transformara en un asunto que requiere "hablar en serio y varias horas" y, después, ya cansados, nos percatamos de que ya no se resuelve hablando, entristeciéndose, ni enojándose. La frustración y la desilusión son aún mayores. Algo que era una dificultad sencilla se volvió un problema, generó impotencia. El sistema reticular se impuso al límbico y a la neocorteza.

También sucede que cuando tenemos un problema, si no intervenimos o lo hacemos inadecuadamente, porque consideramos que es algo normal o de menor importancia, la situación suele agravarse. Hay muchas ocasiones en que no podemos simplemente dejar que las cosas sigan sucediendo como hasta ahora. Por ejemplo, debemos hacer algo ante el calentamiento global; ante nuestro hijo de 25 años que no estudia ni trabaja; si nos enteramos de que nuestra hija de 13 años tiene relaciones sexuales, o si tenemos algún órgano enfermo. Necesitamos intervenir, pero no puede seguir la vida como si nada estuviera sucediendo. "No pasa nada", "no es para tanto", "ya pasará", son falsos argumentos de quienes a veces tienen un exacerbado apego a sus ideas. El miedo o la ignorancia los paralizan, los hacen sentirse impotentes.

Si nuestra pareja o nuestro socio nos dicen muy despacio y seriamente: "No resisto más, voy a irme de la casa" o "ya no quiero ser tu socio", es necesario que apliquemos toda nuestra atención al problema e intentemos resolverlo. Muchas personas actúan (o no actúan) como si al pretender no ser conscientes ni responsables de sus problemas, los problemas desaparecerán por sí solos. ¿Cuántas veces hemos, con miedo y en silencio, tomado decisiones pasivas que han afectado a otra persona, familia o negocio?

Otro motivo por el que nos molestamos o tenemos miedo, es que los seres humanos generamos muchas expectativas de cómo deberían ser las cosas. Pero las cosas nunca suceden exactamente como las imaginamos. Si deseamos algo con vehemencia y luchamos sin respetar a los demás para lograrlo, lo más probable es que, aunque tengamos éxito en nuestra empresa personal, no seamos felices. Si tenemos apego a las cosas, a las ideas, a las personas, creyendo que nada cambia, sufriremos tristeza, miedo o coraje porque todo es impermanente, todo lo perderemos en algún momento.

La distancia entre lo que el mundo nos da y aquello a lo que nos apegamos y deseamos con avidez, es del mismo tamaño de nuestro sufrimiento, ya sea que ambicionemos poder, fama, belleza física, dinero u otro satisfactor material o inmaterial.[2]

El *DSM IV* (*Diagnostic and Statistical Manual of Mental Disorders, Manual Diagnóstico y Estadístico de los Trastornos Mentales* versión *IV*, de la Asociación Estadounidense de Psiquiatría) subraya que numerosas patologías de la personalidad "se producen básicamente por un desajuste entre las capacidades y la demanda del ambiente". Es decir, no solo importa la avidez que sentimos; también influye lo que nuestro jefe, gobierno, cónyuge o hijo nos exige.

El siguiente ejemplo ilustra la combinación de factores que nos hacen desear cada vez más. Supongamos que para satisfacer las necesidades familiares requerimos 20 mil pesos pesos mensuales[3] y solo ganamos la mitad. Entonces decidimos trabajar con más esfuerzo, dedicación, presión y estrés para obtener lo que nos falta; con el paso del tiempo logramos ganar los 20 mil que necesitamos. ¿Qué sucede posteriormente? Obtenemos los bienes que deseábamos y poco después ambicionamos el doble. Ahora el volumen de nuestro sufrimiento por el estrés, las preocupaciones y las presiones es, por analogía, de otros 20 mil pesos. Si llegáramos a obtener los 40 mil pesos mensuales, ¿qué sucedería más tarde? Compraríamos los bienes y servicios que deseábamos, y ahora ambicionaríamos ganar 80 mil; pero si no logramos tal ingreso, lo cual sucede en la mayoría de los casos, el tamaño del sufrimiento sería mucho más grande que cuando ganábamos solo 20 mil. Hay quienes, aun con ingresos de 100 mil pesos mensuales, siguen sintiendo avidez por el dinero y desean duplicar esa suma; el sufrimiento es enorme, aunque con 100 mil pesos puedan satisfacer todas sus necesidades.

Estos números tienen relevancia en la medida en que ambicionamos y hasta nos aferramos a tener tres, cinco o 10 veces más de lo que necesitamos. Al parecer, casi siempre creemos que necesitamos más. El impulso reptiliano de ampliar el territorio, los bienes, las propiedades parece no tener fin cuando somos muy inseguros. Casi nadie dice: "gano 100 mil pesos y no quiero más", pero sí hay quienes dicen: "gané un millón de pesos este año y el próximo voy a ganar dos millones". Resulta paradójico que estas personas estén dispuestas a consumir todo su tiempo con tal de ganar el dinero suficiente para hacer lo que desean.

Si hubiese cada vez más ricos en el planeta, ¿de dónde obtendrían los bienes y servicios que demandarían?, ¿de qué campo?, ¿de qué ciudad y país?, ¿de qué planeta? La Tierra, el territorio de todos, no soporta más la enorme cantidad de consumidores ávidos que usufructúan y hasta desperdician los recursos renovables y no renovables.

Sin embargo, también, para fortuna de todos, cada vez hay más personas que ganando lo que necesitan, no sienten inseguridad por su vida, sus críos o su territorio y son felices. Hay personas que –por supuesto no son famosas– consideran que tienen más de lo que necesitan; cuando es así, desarrollan altos valores en el corazón; gratitud, generosidad, sensibilidad, mayor conciencia, no alimentan apegos ni ambiciones desmedidas. Han podido cambiar su mente y mejorar su vida y, con ello, favorecen a las personas que les rodean; una actitud así posibilita que los demás seamos felices al aprender y desarrollar esta forma más sana y respetuosa de vivir en comunidad.

Un abogado no es un abogado

> *¿A dónde vas tan aprisa? –le preguntan al jinete.*
> *No lo sé, ¡pregúntale al caballo que corre!*
> Anécdota budista

La ira está presente cuando tratamos a nuestro cónyuge como si solo desarrollara una función, un rol social; cuando hablamos con nuestro hijo como si fuera un subordinado; cuando levantamos la voz a quien nos ayuda, si los asuntos en la casa o en el trabajo no salen como deseamos; cuando a todos ellos, sin mirarlos a los ojos, les exigimos o deseamos que se sientan culpables de nuestros sentimientos desagradables porque creemos que somos más importantes o nos sentimos víctimas.

Exageramos nuestras cualidades; redefinimos y restructuramos engañosamente cualquier circunstancia de manera que nos sirva para aumentar nuestro orgullo, poder, dinero o posición social. Nos enorgullecemos de comportamientos y sentimientos que deberían avergonzarnos, como desarrollar habilidad para hacer sentir culpables a los demás, engañarlos o perjudicarlos. A veces, incluso al darnos cuenta de que somos así, no admitimos tener una mente confusa y nos ponemos a la defensiva, buscando excusas en lugar de trabajar para desarrollar una mente más elevada y sincera.

La agresión no es un asunto privativo del género masculino, también existen infinidad de mujeres que agreden de manera cotidiana, física y psicológicamente a sus hijos. De hecho, la violencia intrafamiliar más frecuente se presenta de madre a hijos; como los niños casi nunca demandan, las estadísticas oficiales en este rubro son imprecisas.

Investigaciones recientes en niños que recibieron maltrato, y que por ello llegaron a hospitales públicos, revelan que 50% eran menores de tres años; en 30% hubo omisión de cuidados y 20% llegaron lastimados porque se cayeron de la cama, la escalera o la silla; el "dejar de hacer" es agresión pasiva. También se presenta cuando una esposa considera a su marido solo como un proveedor económico de la familia y evita las funciones de pareja establecidas por ambos; cuando el esposo solo ve en su pareja un objeto sexual; cuando en una junta de trabajo o a la hora de comer hablamos por celular o chateamos mientras los demás nos esperan; cuando manejamos con alcohol o drogas en el cuerpo; cuando una autoridad o un funcionario no cumple con sus obligaciones; cuando nos hacemos los olvidadizos, ingenuos o nos ponemos una venda en los ojos, en los oídos y en las manos para no hacer nada. De estas maneras somos tan agresivos como quienes se enojan abiertamente.

Cuando pensamos en los demás, pocas veces somos conscientes de sus emociones. Ponemos más atención en cómo nos benefician sus servicios, sus propiedades, sus palabras, su cuerpo. Olvidamos que los demás son seres completos que también sienten y sufren.[4]

La riqueza, el poder, la fama con los cuales nos investimos en ámbitos como el trabajo, el deporte, en la calle o en nuestra casa, nos confunden de tal manera que nos comportamos y creemos ser lo que no somos. Esto sucede porque la mente sigue fija en experiencias y recuerdos que ocupan muchas horas de la vida diaria.

Antes que empresarios, abogados o médicos somos seres humanos. ¿Por qué tratar a los demás como si fueran solo empleados, clientes o pacientes? Desempeñamos, gracias a los demás, funciones sociales que no son parte esencial de nuestro ser, pero nuestra mente a veces se confunde al poner la atención solo en ese aspecto social y económico que probablemente no siempre desempeñaremos. ¿Cómo saber que una crisis, una nueva oferta de trabajo, un accidente, un divorcio, una amistad, un secuestro o una enfermedad grave no cambiará la vida?

Poner atención en tiempo presente y en la persona significa darnos cuenta de que todos somos humanos igualmente deseosos de ser felices y de no sufrir. Quiere decir que un niño que llora, un panadero y un vendedor, son seres humanos que están buscando de maneras distintas (de acuerdo con su edad u oficio), acabar con el sufrimiento personal y ser felices. Hemos confundido la forma con el fondo, valoramos las desigualdades profesionales, económicas o de edad, por encima de lo humano, que es lo esencial.

En resumen, necesitamos a los demás para lograr nuestro bienestar físico y emocional. Considerar que podemos vivir de manera independiente, sin respetar sus intereses, es una idea que no corresponde a la realidad. Dependemos completamente de la ayuda de nuestros congéneres.

Los virus de la familia

Daniel Goleman relata en su libro *Inteligencia emocional*:

> "Eran los inicios de la guerra de Vietnam cuando los soldados de un pelotón norteamericano estaban en cuclillas en medio de un arrozal, en pleno tiroteo contra el Vietcong. De repente, una fila de seis monjes empezó a caminar a lo largo de las pequeñas elevaciones que separaban un arrozal de otro, con serenidad y porte perfecto; los monjes caminaban directamente hacia la línea de fuego.
>
> No miraban a la derecha ni a la izquierda. Caminaban en línea recta; fue realmente extraño, porque nadie les disparó. Y después que terminaron de caminar los montículos, de pronto el deseo de lucha me abandonó, ya no tenía ganas de seguir haciendo eso [...] simplemente todos dejaron de combatir", dijo David Busch, uno de los soldados norteamericanos presente en ese episodio.

La serenidad de los monjes contagió a los soldados de ambos bandos y logró disipar la ira y el miedo en medio del fragor de las balas.

Entre seres queridos, en las familias, los sentimientos también se contagian, sean positivos o negativos. Cuando el padre es iracundo, los hijos hombres, dada su carga genética, pueden más fácilmente aprender a identificarse con el padre agresor. El Instituto Karolinska de Suecia publicó en mayo de 2011 que los hombres y algunos monos,[5] a diferencia de las mujeres, respondieron con mayor agresión y mostraron una más alta actividad de la amígdala, especialmente ante situaciones injustas. Si bien las mujeres siguieron opinando que las situaciones injustas eran incorrectas, tuvieron una tendencia más alta a aceptar hechos que se oponían a los intereses de todo el grupo. Pero a diferencia de los monos, hombres y mujeres pueden ser, con mayor frecuencia, compasivos con animales de otras especies.

Cuando el hombre percibe situaciones injustas en el medio que le rodea, ya sea que atenten contra él, su territorio o su sexualidad, presenta, con mayor facilidad que la mujer, conductas abiertamente más violentas. Esta violencia llevada a la familia se expresa principalmente contra la esposa; ella a su vez la transmite a sus hijos; y estos, a los hermanos menores o a aquellos que por condiciones de edad, sexo, poder, raza o alguna discapacidad, permitan y soporten dicha agresión; algunos niños, cuando tienen animales domésticos, ubican en ellos el último eslabón de la cadena de injusticia. La diferencia de sexo, tamaño, nivel de dependencia, condiciones sociales y desarrollo evolutivo son factores que determinan hacia dónde se transmite la ira.

Habremos de reconocer también que la violencia entra en la familia desde distintos puntos. El eslabón más vulnerable y sensible a sufrirla y reproducirla, son los niños menores, y entre estos, una niña pequeña, pobre, morena o discapacitada, mucho más. Justo quienes más necesitan ayuda, amor y compasión son los depositarios sociales de la violencia humana.

He aquí algunos casos que parecen, por obvios, demasiado simples:

A una niña de seis años a la que le pregunté: "¿Por qué no dejas salir a la mariposa del frasco donde la encerraste?", me contestó: "Cuando me porto mal, mi mamá también me encierra, y luego me porto bien".

Ignacio, un niño de nueve años a quien le pedí me dijera por qué mataba pajaritos con su rifle de perdigones, respondió: "Mi papá les dispara a los patos con su escopeta y no me la presta".

A Nina, una mujer con tres hijos, que desesperada había golpeado a su hija de cuatro años, al preguntarle por qué lo había hecho, expresó: "Solo así entiende... ¡ya no la soporto!".

Cuando quise saber por qué a Joaquín, (un albañil que regularmente ingiere bebidas alcohólicas), le gusta tomar los fines de semana, contestó escuetamente: "Así me distraigo".

¿La mariposa, la niña (los presos), se comportarán mejor?, ¿contra quién descargarán su ira después del encierro?, ¿y si el padre de Ignacio ya no fuera de cacería, el niño seguiría deseando disparar a las aves con la escopeta?, ¿qué es realmente lo que la hija de cuatro años de Nina entiende cuando su madre la golpea?, ¿quién es la que no entiende?, ¿de qué se tiene que distraer Joaquín embruteciéndose los días que no trabaja?

Un hijo al que constantemente se le regaña, castiga o golpea le cuesta mucho trabajo sentir empatía, ser compasivo. Si es agresivo tiende a no percibir el sufrimiento de los demás, y si es temeroso se identifica con aquellos que tienen miedo. Los niños agredidos física o psicológicamente suelen ser inseguros, les cuesta trabajo relacionarse con sus semejantes, casi no tienen verdaderos amigos. No saben cómo establecer relaciones de igual a igual; procuran, si tienen ira, imponerse, estar siempre "arriba" de los amigos, hermanos, incluso del padre o la madre que es temeroso; pero si tienen miedo la tendencia es, con razón o sin razón, a ceder todo el tiempo, a ponerse debajo de sus compañeros, de sus iguales, ya que la duda y la inseguridad les acompañan constantemente.

Si uno de los padres agrede pasivamente dejando de hacer su deber porque está triste, tiene ansiedad o miedo, se le olvidó, no tiene la energía para cumplir con sus obligaciones, o agrede usando palabras bonitas o amables, sonrisas forzadas y obsequiando objetos con el fin de engañar,[6] los hijos aprenderán a comportarse de manera pasiva con miedo y ansiedad, mintiendo, engordando, olvidando hacer sus tareas o arreglar su cuarto; perderán objetos, el trabajo o el dinero.

Un padre temeroso desespera fácilmente al hijo más agresivo. Así como la agresión activa genera seres temerosos, la agresión pasiva desarrolla personas violentas. Los hijos aprenden por oposición a sus padres, de la misma manera que un cónyuge se desespera y agrede cuando el otro es agresivo pasivo, temeroso y olvidadizo. Resulta que cuando uno de ellos manifiesta abiertamente su ira, el otro suele tener miedo. De esta manera se establecen circuitos o pautas interaccionales que se retroalimentan a sí mismas: la causa de la ira del padre es la madre temerosa e irresponsable; la causa del miedo y la tristeza de la madre es la furia y el excesivo control del padre.

Recordemos que la ira y el miedo, como impulsos, no son negativos en sí mismos; lo son cuando tales impulsos se vuelven sentimientos repetitivos sin haber una amenaza presente y real a la integridad de la persona, sus crías, su territorio, o su sexualidad. Incluso, podemos afirmar que la ira en su manifestación actuada (gestos, jalones, gritos, golpes) puede ser positiva si no tiene la intención de lastimar a nadie, sino que se dirige a detener o inhibir las ideas o las acciones agresivas que ponen en riesgo a la persona que las manifiesta o a los demás.

Es muy importante considerar que las acciones empleadas de esta manera tienen el propósito de ayudar y no de hacer daño. Podemos, en algunos casos, mostrarnos molestos o agresivos-pasivos contra las acciones y las palabras, pero ser amorosos con la persona que está iracunda o que actúa inadecuadamente.[7]

Un ejemplo de agresión verbal carente de la intención de lastimar u ofender ocurrió en la oficina de un notario, cuando mi amigo Roberto asistió a la firma de un documento. El abogado buscaba entre papeles esparcidos sobre su mesa el contrato para firmar, y repetía en voz alta: "¡el contrato... el contrato... el contrato...!"; Roberto levantó los brazos y coreó en el mismo ritmo y tono: "¡Ra... raa... raaa!", como si se tratara de una porra. La ironía y el sarcasmo del cliente no ofendieron al notario; todos los presentes rieron. La agresión verbal no iba dirigida a la persona, sino hacia las palabras y acciones del jurisconsulto.

Otros casos de ira aplicada de manera correcta se dan cuando obstaculizamos con fuerza el daño físico que un niño menor puede hacerse al poner en riesgo su vida corriendo por una peligrosa avenida o al golpearse a propósito la cabeza contra el suelo durante un berrinche.

Cuando tenemos mucho miedo o ira no podemos pensar con claridad, somos incapaces de actuar correctamente en dirección a un objetivo más sano. Ante la imposibilidad o la impotencia, tanto el adulto como el niño pueden herir o golpear a la persona que obstaculiza el logro de sus impulsos primitivos o pueden lastimarse a sí mismos, e incluso, en casos extremos, matar o suicidarse.

Cuando la agresión activa o pasiva es improductiva o causa más violencia, y se dirige contra un hijo, produce tristeza, ira o miedo; tales sentimientos y sus actitudes correspondientes regresan al iniciador de la agresión en una interacción posterior. Así es como se crean los cuatro tipos de pautas interaccionales o formas de relaciones negativas familiares:

1. La ira que produce ira y regresa como ira.
2. La ira que produce miedo y regresa como miedo.
3. El miedo que produce ira y regresa como ira.
4. El miedo que produce miedo y regresa como miedo.

Un ejemplo que ocurre frecuente lo proporciona el siguiente caso: cuando Ricardo, un joven de 15 años, no obedece la instrucción de Mónica, la madre, de sentarse a la mesa a cenar, se presenta una hora después y exige que la comida esté caliente y se le atienda; se respondería de manera positiva si la mujer le pidiera que él mismo recalentara la comida y se atendiera, en vez de regañarlo y decirle: "¡No soy tu esclava, aquí no es restaurante, eres igualito a tu padre!", mientras le calienta la comida y le acompaña a cenar muy enojada. Así, ella ataca a la persona y no dirige su molestia contra la acción de llegar tarde a la mesa, lo que provoca enojo en el hijo, que se siente ofendido, y en la madre, que tiene que calentar la cena dos veces. Mónica se quejará con el marido, quien es solo un espectador de la pauta interaccional de la madre y el hijo; un observador, que a veces hasta disfruta en silencio por la desesperación de la madre ante Ricardo. El muchacho, a su vez, al día siguiente por la noche, al fin y al cabo su madre lo atiende siempre, se sentará a la mesa nuevamente tarde.

Cada uno de los padres suele tener predilección por alguno de los hijos; esta liga se establece con el que no se le parece psicológicamente.

Como en la física, los opuestos suelen atraerse y los similares repelerse: el progenitor que tiene ira abierta se lleva mejor con el hijo que tiene agresión pasiva; el padre que es más agresivo pasivo prefiere, y tiene a la larga, más autoridad sobre el hijo que llama "de más carácter". La frase popular "choca contigo porque es igualito a ti" tiene su fundamento científico.

El aprendizaje y el contagio directo o por oposición de las emociones, la mayoría de las veces es muy sutil; parte de un intercambio de mensajes, la mayoría inconscientes, que se transmiten las partes involucradas en las interacciones y convivencias cotidianas. Al relacionarnos expresamos y enviamos señales emotivas que influyen y afectan a las personas que nos rodean. ¡Es imposible no hacerlo! Es mejor que seamos conscientes y responsables de los sentimientos y actitudes que tenemos y tratemos de modificarlos en caso de que sean negativos.

Mientras más inteligencia emocional tenemos, mejores y más claras son las señales que emitimos de nuestras emociones. Las personas que así lo hacen despiertan en nosotros sentimientos agradables; nos gusta estar cerca de ellas. Sus habilidades emocionales positivas son contagiosas y nos ayudan a sentirnos bien. Tienen una forma de inteligencia extraordinariamente valiosa: recurrimos a ellos buscando ayuda cuando nos sentimos iracundos, tristes, temerosos, celosos o cuando tenemos que tomar alguna decisión difícil. Si nos sentimos mal, no buscamos al padre, al amigo o conocido que tiene el IQ más alto; generalmente pedimos el consejo o la guía de alguien que es sensible al sufrimiento humano. No buscamos al que sabe más, es más culto o tiene más poder que los demás. La compasión y la sabiduría se imponen sobre los atributos intelectuales.

Invariablemente, las emociones abiertas, el estado de ánimo de las personas más expresivas, se transfieren más fácilmente a los demás.

Así que si el padre o la madre de una familia disfuncional transforma su ira o su miedo en serenidad, como lo hicieron los monjes de la anécdota durante la guerra en Vietnam, las probabilidades de que el otro miembro de la pareja y sus hijos cambien, es muy alta. Lo mismo es válido para los líderes sociales y su influencia en otros, sin importar si es un gobernante, un sacerdote, un empresario, un cantante o un comentarista de televisión.

Neuronas espejo

Los niños aprenden imitando a los adultos y a otros niños. Los adultos también aprendemos así. Copiamos los movimientos, las acciones de los demás, sin entender al principio el significado de lo que hacemos.[8]

Las neuronas espejo son las encargadas de que podamos copiar lo que hacen los demás. Esas mismas neuronas se activan involuntariamente en un observador cuando, ya instalada la conducta, otra persona realiza un movimiento que su cerebro reconoce. Somos capaces de reproducir en nuestra mente lo que la otra persona realiza o gesticula sin que nosotros ejecutemos la acción. Por eso podemos comprender e intuir lo que alguien va a ejecutar e incluso decir. Leemos, por decirlo así, la intención de los demás cuando nuestras neuronas espejo y sus redes motoras aprendieron con antelación la conducta que ahora casi adivinamos.[9] ¿Cuántas veces hemos reconocido anticipadamente lo que iba a hacer otra persona?, ¿cuántas otras nos entendieron casi sin decir una palabra?

Este sistema neurológico, ubicado en la neocorteza cerebral, es el responsable de que podamos tener empatía, pensar lo que el otro piensa, sentir lo que el otro siente.

¿Pero qué sucede cuando con antelación "leemos" los sentimientos de miedo o ira en alguien que queremos y los usamos negativamente? Dos ejemplos:

Juan le grita con enojo por tercera vez a Dolores, desde la planta baja de su casa: "¡Vamos a llegar otra vez tarde al cine si no nos vamos ahorita!", ella le contesta temerosa: "¡Ahí voy, bajo en cinco minutos!", a los

15 minutos aparece corriendo y apurando al esposo, quien espera impaciente y molesto sentado en la sala leyendo un libro para entretenerse. Se suben al auto; él maneja apresuradamente, ella lo toma del brazo con miedo y parsimonia, le dice: "Amor, no corras, vamos a chocar, no pasa nada si llegamos 10 minutos tarde a la función". Él responde más enojado: "Voy así por tu culpa, si salieras a tiempo podría ir más despacio, como a mí me gusta", y ella replica con más calma e ironía: "Hay más tiempo que vida".

Examinemos otro caso: Pedro le dice a Norma, su esposa, no en tono de reclamo, pero sí con seguridad y firmeza: "Por favor, regreso como siempre a comer a las tres en punto, solo tengo una hora, ¡ahora sí ten la comida lista!" Norma, aún sin miedo, pero previéndolo, responde: "Sí, la voy a tener lista, pero no llegues enojado como siempre, trayendo a casa los problemas del trabajo". Pedro es un marido que ha establecido una pauta de relación con su esposa en donde él siente ira (y la expresa) cuando ella tiene miedo; ellos intercambian señales en sus rostros, en el tono de las voces, en sus manos, en sus cuerpos que así lo significan. Norma "adivina" con sus neuronas espejo que Pedro se va a enojar y que va a gritar, y él, que Norma va a tener miedo y le va agredir pasivamente teniendo (una vez más) tarde la comida, que deberá ingerir apresuradamente.

Esta es una típica pauta interaccional de ira-miedo o de miedo-ira; según tratemos de hacer responsable a uno o al otro de haber empezado este tipo de relación. La verdad es que estas formas de relacionarse tardan mucho tiempo en ser desarrolladas: ambos las fueron aprendiendo desde pequeños en sus familias de origen, han visto, escuchado y sentido muchas veces las expresiones de ira y de miedo; sus neuronas espejo se han encendido tantas veces que ahora al mínimo gesto de tales sentimientos pueden adivinar lo que sigue; por eso con antelación sienten, viven, antes de que suceda, lo que ellos mismos provocan.

Juan, Dolores, Pedro y Norma han aprendido a prevenir porque han sido lastimados muchas veces; la conexión neuronal para el miedo y la ira se ha establecido, aunque no se hayan dañado aún, pueden sentirse heridos, ya que dicha sensación anticipada ha sido la respuesta (o el origen) a la voz, a las omisiones, al gesto, a la tardanza, a los movimientos del cuerpo, a las palabras de su pareja. No cuentan con un sistema neurológico apto que diferencie las falsas situaciones de alarma de las verdaderas.[10]

Cuando la manera en que percibimos es limitada, ya que tenemos ira o miedo, no sentimos empatía por los demás, definimos y actuamos en el mundo a partir de nuestra propia mente limitada.

Habremos de activar las neuronas espejo de empatía para saber lo que sienten y piensan los demás, y abandonar nuestro papel tradicional de enojo o desconfianza para verdaderamente entenderlos.

Nuestras afirmaciones, pensamientos, ideas, conceptos, gestos, tono de voz, silencios, palabras, el lenguaje digital y analógico que utilizamos constituyen las formas que tenemos para comunicar nuestra manera de mirar el mundo, un mundo que es más amplio y complejo que el lenguaje. Las mismas palabras a las que hemos endiosado son las que acotan nuestra mente.

Cuando tratamos de entender y observamos con detenimiento la naturaleza de nuestros pensamientos, sensaciones y sentimientos, e intentamos reconocerlos, inmediatamente se desvanecen en la enorme bóveda de la mente. En realidad, en nuestro intento por aprehenderlos no logramos nada, ya que todo lo que pasa por nuestra psique se disuelve, incluso cuando no nos damos cuenta que existen, y somos inconscientes de sus embates, también desaparecen. Son transitorios, efímeros, nacen y mueren todo el tiempo.

Capítulo **VII**

Lo oculto de lo oculto

El ego decide

Los reptiles pudieron sobrevivir gracias a que su cerebro funciona con base en principios instintivos: la integridad del organismo, la territorialidad, la sexualidad y el mecanismo de agresión y miedo.

Como ya hemos comentado, con el surgimiento de los mamíferos y del hombre se desarrollaron otros dos cerebros por encima del reptiliano: el límbico y la neocorteza, y con ello el instinto del cuidado y la crianza de los hijos. Aunque esto sucedió hace miles de años, muchos de nosotros, en algunos momentos, aún seguimos "pensando" y actuando más con base en los instintos.

Cuando uno de estos principios instintivos se activa sin que sea necesario, el miedo y la agresión dominan la forma en que miramos el mundo. Nuestro cerebro reticular a veces no distingue si la amenaza es real o imaginaria.

El peligro es el disparador universal de la ira y el miedo; estos impulsos son activados por una amenaza física o simbólica que atenta contra el individuo.

Dichas amenazas pueden crear una disposición prolongada para la acción que puede durar días, manteniendo alerta a la persona que se sintió amenazada y esto, a la larga, la hace más propensa a sentir ira y miedo.

Somos interdependientes; existe una dependencia de las habilidades y quehaceres, de los objetos, el cariño, los cuidados, las ideas, los servicios, el amor que nos ofrecen los demás. A pesar de ello, no nos damos cuenta cabalmente de que incluso nuestra sobrevivencia depende de los otros.

A veces vivimos como el ciego cazador, temeroso e iracundo, que por la noche, al escuchar cerca de su cabaña un ruido extraño, sale con su rifle y dispara en dirección al lugar donde escuchó el ruido; un hombre que camina cerca de ahí corre despavorido, intenta salvarse. El cazador oye los sonidos, dispara de nuevo y a tientas avanza; unos segundos después retumba cerca de su espalda otro disparo; con miedo, perdido y en la oscuridad de su ceguera, pone ahora toda su atención en el agresor para intentar matarlo, sin darse cuenta de que en esa otra defensa y persecución, ese otro ciego que lo persigue también es perseguido.

La mente desarrolla el concepto de uno mismo cuando observa otra cosa que no es ella[1], y que ya existía antes de sí misma; nuestra psique identifica el fenómeno de percibir algo diferente como una prueba de que ella misma existe. No importa si eso otro lo amenaza o lo cuida.

Los bebés no nacen amando a sus papás, sino que son estos los que aman, cuidan, protegen y educan a sus hijos; después ellos se dan cuenta de que los necesitan y empiezan a quererlos.

"Siempre están los *otros* primero y luego viene lo que nos sucede a nosotros" señala Chögyam Trungpa en su libro *Nuestra salud innata* (2007).

Los bebés, en su incipiente mundo de sensaciones, aún sin lenguaje asociado a los impulsos básicos del sistema reptiliano, crean una reacción automática. Una respuesta de esta naturaleza no garantiza una estrategia adecuada para aprender y sobrevivir, por eso durante los primeros años de vida somos dependientes.

Con el paso del tiempo, en el hombre primitivo surgen los dos sistemas neurológicos más evolucionados que explican el razonamiento, los sentimientos nobles, la habilidad de nombrar y darle un orden a las cosas.

El lenguaje y el pensamiento aparecieron porque al azar se habían creado estructuras físicas que permitieron la emisión de gran variedad de sonidos y una corteza cerebral compleja, que aprovechó dicha capacidad para mejorar la comunicación y por tanto las posibilidades de supervivencia, nos aclara Julio Sanjuán, en su libro *La profecía de Darwin* (2005).

El pensamiento y el conocimiento racional más desarrollado se va formando por las experiencias que tenemos con los objetos, las personas y los fenómenos de nuestro entorno inmediato. Aprendemos a discriminar, comparar, medir y catalogar. Vamos creando en nuestra psique una "realidad" que se percibe por las distinciones intelectuales de opuestos o semejantes en la interrelación de unos fenómenos con otros.

Para la psicología autosustentable es muy importante considerar que hay dos formas diferentes de procesar la información del medio en nuestro cerebro: las sensaciones y las percepciones.[2]

Cuando tengo sed y bebo agua hay sensaciones y percepciones: la agradable sensación de frescura, sin una relación directa con el concepto agua y la frescura específica del agua que percibo a través del sentido del tacto, esta percepción que, en cambio, es una cualidad que siempre tiene objeto externo. Las sensaciones las experimentamos en el cuerpo, nos afectan directamente y no podemos ser indiferentes a ellas. La percepción implica un proceso de organización e interpretación de las sensaciones.

Las sensaciones en general nos dan información de la realidad, por ejemplo, en imágenes, sonidos y sensaciones kinestésicas. Casi al instante, mezclamos tales sensaciones con otros contenidos editados y guardados en la memoria, y al mismo tiempo, dicha mezcla es influida, aderezada, con la combinación de los demás sistemas sensoriales como el oído, el tacto, el gusto y el olfato. De ahí surge la percepción general, encargada de desarrollar la conciencia del entorno y de uno mismo. Gracias a la percepción discriminamos, clasificamos objetos, reconocemos relaciones espaciales y formas, distinguimos la figura del fondo, tenemos memoria e interpretamos.

Es importante entender la diferenciación arriba mencionada de la manera de procesar la información de la realidad interna y externa; al resultado de las primeras sensaciones se le llama "conciencia primaria" y es donde la psicología autosustentable interviene, y a la de percibir le llamamos "conciencia reflexiva", y es gracias a la atención reflexiva que podemos volver a enfocarnos en las sensaciones originales.

El cerebro reconstruye los acontecimientos externos, los reedita: al recordar, "ayudan" a la conciencia reflexiva aspectos internos asociados a la sensación externa, que en sentido estricto nunca sucedieron, como es el caso de agregar, por ejemplo, un recuerdo o un diálogo interno a nuestra sensación original. Tenemos sensaciones *per se* y percepciones elaboradas por la experiencia y el lenguaje.

Esta naturaleza doble, producto de la experiencia de sentirnos y sentir los fenómenos externos con una mezcla editada de conocimiento nuevo –constantemente creada dentro de nuestra mente–, interactúa con nuestro ego haciéndonos creer que "¡algo me está sucediendo aquí y ahora!".

Hay una parte de nosotros que puede estar en contacto directo con lo que percibe; otra que puede estar pensando diferente y hasta opuesto a lo que los sentidos están percibiendo. Podemos opinar de un modo sobre las cosas y creerlo así sinceramente, pero puede que, en nuestro cerebro, exista información disímbola y que no nos demos cuenta.

Tal vez estas contradicciones están en la base de algo que todos los humanos compartimos: la capacidad de mezclar sensaciones como el miedo y la ira y sentimientos como el amor y el odio e ideas que se contraponen, todo al mismo tiempo. Podemos tener combinaciones de afectos que son opuestos o colindantes; podemos sentir y percibir ante una persona o fenómeno uno, dos, tres, cuatro o más sentimientos e ideas diversos.

Aunque tenemos dos o más representaciones de la realidad, ambas subjetivas, generamos una representación experiencial y particular del mundo; tenemos una sola vivencia, que nadie más percibe, en cada instante de la vida.

Pautas perceptuales

Existe, sin embargo, un buen número de percepciones que se almacenan en secuencias más o menos ordenadas de información. Estas pautas perceptuales van conformando poco a poco un modelo de mundo; esto permite a nuestra mente hacer predicciones. Cuando vemos una boca, nuestro córtex predice que centímetros arriba hay una nariz. Lo sabemos porque en nuestra idea de cara, siempre que hay una boca hay también una nariz. Tenemos una pauta perceptual establecida: "cuando hay boca, hay nariz arriba". No sabemos si la nariz será grande o pequeña, aguileña o respingada, pero sí que encontraremos una nariz. Lo mismo sucede cuando al ir en automóvil por la ventanilla miramos el rostro del conductor de al lado, nuestro córtex sabe que debajo, aunque no lo vea, hay un cuerpo que está unido a esa cara; no sabe si está vestido con un pantalón azul, si trae zapatos o tenis, pero sabe a ciencia cierta que hay un cuerpo que acompaña a esa cabeza.

Aunque es imposible, como ya vimos en páginas anteriores, percibir, comparar y clasificar la inmensa variedad de formas y fenómenos que nos rodean, podemos seleccionar unos pocos de los rasgos más significativos para nosotros de las cosas y crear en nuestra mente abstracciones, patrones intelectuales de la realidad, en los que esta queda reducida a mapas personales y sociales; a veces concretos y particulares y otros ambiguos y generales.³

Nuestro modelo de PAS también se apoya en estas pautas personales para desarrollar y explicar la eficacia de las técnicas que compartimos en el pequeño libro anexo.

Este reducido conocimiento de las pautas, de lo que se repite, constituye para las personas un sistema, generalmente inconsciente, de conceptos y símbolos abstractos que, cuando se utiliza el lenguaje, se ordenan secuencial y linealmente. Esta "realidad" nos da la sensación de que pisamos, por decirlo así, un mundo real, estático, entendible y manipulable.

Es esta realidad creada la que utilizan los marcos teóricos de la psicología, para ayudar a los pacientes a ponerle nombre a lo que les sucede. Pero el mundo natural es un mundo de infinitas variables y complejidades externas. Es un universo que no contiene formas tan regulares, estáticas, ni lineales, donde la vida no sucede en secuencias sino que todo sucede al mismo tiempo; una realidad, como dice la física moderna, en donde el espacio es curvo y no plano. Por ello es evidente que nuestro sistema abstracto de comprensión no puede entender por completo la realidad. Con tal manera limitada de percibir, aunque nos ayude la atención plena, somos como el cartógrafo que intenta describir la superficie curva de la Tierra con unos cuantos mapas planos.

Anaxágoras, hace cientos de años, sostuvo que el sol, los astros y las estrellas eran enormes piedras incandescentes que giraban en forma circular. Dijo lo que ahora sostienen todos los físicos, que nuestros sentidos no eran confiables, y por lo tanto no podíamos con ellos alcanzar el conocimiento de la verdad. Este dilema matiza la ciencia, la filosofía, la religión y la psicología hasta nuestros días. Dejemos por un momento la pretensión de saber la verdad. ¿Cómo podemos saber que algo es cierto o falso? Esta es la pregunta que en 1931 el célebre matemático Kurt Gödel se hizo y para la cual tuvo una respuesta demoledora: "no podemos saberlo", y agregó: "no podemos tener un gran modelo geométrico, podemos tener un procedimiento que resuelva un problema, pero no hay uno que resuelva todos".

Si se trata de sobrevivir, las acciones que fueron efectivas, anclaron experiencias y explicaciones específicas que maximizaron la manipulación del medio, esto le trajo al individuo ventajas de prevalencia sobre los demás organismos. Esta conciencia individual de lo efectivo no se dio como un salto lineal y único en la especie, como tampoco surgió de un solo golpe la consciencia grupal ante la carencia de recursos del medio.

Lo bueno, lo malo y lo indiferente

Gracias a estas singularidades perceptuales que estructuraron, con el paso del tiempo, los valores y las creencias en la conciencia reflexiva, erróneamente sostenemos que tenemos la razón, la verdad. Etiquetamos y tratamos a los demás, a las cosas, a la naturaleza, a las ideas como: "bueno", "sano", "bello", "mío", "correcto", si nuestra mente ordinaria percibe que nos ayudan o benefician. Con esta forma de proceder hemos desarrollado el apego a lo que nosotros consideramos necesario y a lo que deseamos.

Si nos damos cuenta de que los fenómenos, los objetos, las personas nos perjudican, pensamos que son malos o peligrosos y sentimos ira o miedo, aunque realmente no amenacen nuestra vida.

Si el ego no se ha perjudicado o beneficiado con esas realidades, desarrolla indiferencia e ignorancia hacia ellas. La ignorancia es la falta de conciencia para vernos a nosotros mismos, a los demás y a los fenómenos, como realmente somos. El ego cree que todo tiene una existencia independiente y busca su propio beneficio; el beneficio de aquello que le ayuda a crecer y, por ello, desarrolla un fuerte apego a lo que cree que le hace bien, y rechazo a lo que no le beneficia. No sabe que todo es interdependiente.

No nos importa lo que le sucede a una persona, a un país, al planeta por el solo hecho de que no nos sentimos directamente afectados.

Cuando las personas y los objetos de los que nos aprovechamos cambian y nos hacen algún daño, aunque no hayan cambiado para nadie más, los ponemos en "el espacio" de lo dañino o de los malos, ignorantes o mal agradecidos. ¿Las ideas, la lluvia, el tiempo, las cosas, los países, las personas, realmente cambian por el solo hecho de que ahora perjudican nuestro ego?

Pero si no nos benefician ni nos perjudican, no importa si es nuestra esposa, novia, jefe, empleado, compañero o país, lo pasamos al cajón de la indiferencia y nos marginamos de sus existencias.

También clasificamos a los enemigos, a los malos, a quienes nos dañan. Si esas personas comienzan a beneficiarnos, nuevamente cambiamos la etiqueta que les pusimos en la frente como si fueran precios de mercancías.

Las cosas, las personas, los fenómenos, las ideas, incluso la muerte, no son lo que nuestra mente dice que son cuando tenemos ira, miedo, tristeza, apego o indiferencia.

El ego se fortalece al experimentarse diferente a sus semejantes, como una forma para tener un contraste mental que confirma su existencia. Al principio, el ego separa al bebé de la madre y del padre, y después de los demás. Esta experiencia de estarnos comparando, anhelando o desechando lo que ellos son o tienen, conforma la incipiente dualidad en nuestra mente.

Hasta entonces, en el niño (y en el hombre primitivo), el desarrollo del ego había sido solamente un proceso de acción-reacción, pero después el ego se desarrolla más allá del instinto animal; especulamos y creamos el lenguaje para hacer más llevadera la vida en competencia, en un medio ambiente cada vez más escaso de recursos.

Si actuamos por impulsos o sensaciones primarias y no basados en sentimientos o en la razón, la adrenalina se dispara en nuestro cuerpo; sentimos su ímpetu, una fuerza repentina que hace actuar al ego con ira, ansiedad, miedo o tristeza, sin tener cabalmente en cuenta el contexto y el momento en que nos encontramos. No hay agudeza perceptual, atención ni pensamientos nobles; nuestras acciones están dominadas por un instinto muy primitivo que a veces no tiene necesariamente una base real de amenaza. Con tal pasión nos comportamos sin observar que eso mismo pone en riesgo su relación con los demás. Con un poco de tiempo nos damos cuenta de que fuimos exagerados, de que "no quisimos hacer lo que hicimos", ni "decir lo que dijimos"; después aparecen nuestros sentimientos e ideas nobles y tratamos de reparar el daño; sentimos afecto, ternura o deseo de compensar a la persona que lastimamos o manipulamos con nuestros impulsos.

Es por ello que no es del todo válido sostener, como lo hacen algunos enfoques teóricos, que cuando los impulsos iniciales se expresan, "eso es lo que realmente deseamos"; las expresiones impulsivas son más primitivas, pero las otras más elaboradas que las siguen, son tan reales y valederas como las que les antecedieron. No es correcto pensar que el sistema reticular es genuino y los otros dos no lo son.

Las emociones nos han ayudado a sobrevivir; lo que es perjudicial es que el sistema reptiliano y sus impulsos se activen cuando no es necesario. Cuando eso sucede, nuestra mente se ve confundida por sensaciones perturbadoras durante un periodo de siete a 10 minutos, sufriendo los embates de la primera descarga de adrenalina; después, poco a poco nos vamos tranquilizando, pero si seguimos generando en nuestra mente las reediciones perturbadoras, sufrimos una segunda descarga, y si continuamos pensando igual podemos seguir sufriendo en un círculo vicioso de miedo, ira, ansiedad o tristeza. Estas sensaciones y emociones ayudan a que el ego se fortalezca, ya que tenemos "claras" sensaciones de "estoy sufriendo", "estoy triste", "esto me duele" y el ego aparece con absoluta solidez, generalmente en nuestro pecho, como si no tuviera dependencia de nada ni de nadie.

Cuando nos diluimos en un "ego colectivo" tratamos de defender en grupo lo que consideramos nuestros derechos, territorio, integridad física o mental: tendemos a pensar y actuar como lo hace el líder del grupo. Si el líder, el gobernante, el dueño de la empresa, el padre o la madre, es una persona honesta, clara y de buenos sentimientos nos podemos ver beneficiados por su guía; cuando el líder es una persona impulsiva o muy temerosa puede ser riesgoso seguirlo, ya que el grupo, el país, el partido político o la familia se comportarán de acuerdo con esos impulsos: nos atrevemos a realizar acciones que de forma individual no nos atreveríamos jamás. Pío Baroja decía que a veces "es más fácil engañar a un país que a un ser humano", y Stanley Milgram, en *Obediencia a la autoridad* (2006), demostró que 66% de la población puede "comportarse de un modo cruel por el simple hecho de que una autoridad se lo ordene". ¿Cómo explicar los actos despiadados de algunos ejércitos contra poblaciones civiles? A veces hemos dejado de ser sensatos, cruzando la línea de lo correcto, lo necesario para llegar a lo peligroso, solo porque los demás lo hicieron. ¿Quiénes son "los demás" que no sean la autoridad o nosotros mismos? Los animales se unen para cazar y cuidar sus territorios, y nosotros cuando tenemos ira o miedo preservamos esos mandatos, aunque a veces no sea necesario. Eduardo Punset en *El alma está en el cerebro* (2006) apunta: "para entregarse a la crueldad es necesario desprenderse de la responsabilidad, libre de sentido de culpa aparece el lado más oscuro de la naturaleza humana". Las órdenes e instrucciones representan también para quienes las siguen, una defensa de una idea, del territorio, de la democracia, el petróleo, la religión, la libertad, el poder de las autoridades, que además tampoco parecen tener un rostro responsable. Entre más absoluta sea la autoridad, los individuos son más propensos a contravenir sus propios valores y creencias. Las historias de dictadores "inocentes" recorren todos los continentes.

El psicólogo Stanley Milgram, de la Universidad de Yale, realizó varios experimentos en 1963 para demostrar:

> cuánto dolor podría infligir un ciudadano común a otra persona simplemente porque alguien se lo ordenó [...], la gente común, que solo tiene que hacer su trabajo, y sin hostilidad particular, puede convertirse en agente de un proceso destructivo terrible. Por otra parte, aun cuando los efectos de una acción son abiertamente violentos y contrarios a su moral, pocas personas pueden resistirse a obedecer a una autoridad destructiva.

El ego se crea y se nutre por comparación, rechazo, miedo o apego hacia el otro; muy especialmente si ese otro es una autoridad para nosotros, y a veces, simplemente porque "está de moda". Este ciego mecanismo muchas veces nos ha llevado a mirar con enojo, miedo, ignorancia o envidia a las personas que, en principio, nada han hecho contra nosotros, o nos ha llevado a pensar y comportarnos como los famosos o como el mercado lo dicta.

La naturaleza del ego

*El cascarón debe romperse
para que el pájaro pueda volar.*
Tennyson

*El sujeto y el objeto no son más que uno.
No podemos decir que la barrera que los separa
se haya roto después de la experiencia
de las ciencias físicas,
puesto que esta barrera no existe.*
Schrödinger

Cuando pregunto a los pacientes: ¿qué es lo que usted defiende tanto?, ¿qué es lo que siente amenazado?, ¿dónde está o qué es esa parte suya por la que usted está sufriendo?, en otras palabras, ¿de qué está hecho el ego que usted cuida tanto?, suelen manifestar una confusión, una incertidumbre estructural respecto de quiénes son en realidad.

Cuando intentamos definirnos, nuestro ego parece algo tan vago que cualquier otra persona podría ser eso que dijimos ser; el ego permanece como algo incierto, confuso, indescriptible e intercambiable.

Sabemos que existimos, creemos que somos diferentes, únicos, sabemos cuál es nuestro nombre, cuáles son nuestras creencias fundamentales, en qué trabajamos, nuestro estado civil, nuestra profesión, y por ello creemos que tenemos un ego claro y definido, pero en realidad, eso no es del todo cierto. No tenemos una idea clara y única de qué somos, cómo somos, por qué somos así, cuáles son los límites de nuestra identidad: ¿es la piel?, ¿es mi familia o solo mis hijos?, ¿es todo mi cuerpo? y si acaso, por un desafortunado accidente perdemos una pierna, ¿esa pierna, ahora separada, ya no soy yo?, ¿estos valores que soy yo, al cambiar con el tiempo, ya no son míos?

Cuando tratamos de reconocernos a partir de las experiencias vividas, nos damos cuenta de que esto y aquello nos agrada o desagrada, de esto y aquello que deseamos, percibimos que "algo realmente está pasando aquí conmigo". ¿De qué se trata todo esto? Al intentar entender las experiencias, interviene con palabras el diálogo interno del ego; inventamos, para convencernos, un discurso silencioso que un mes después, o menos, cambiaremos nuevamente. Al parecer, no hay nada firme de dónde agarrarse, por ese motivo no nos sentimos muy seguros de lo que descubrimos cuando razonamos así. El discurso temporal interno de "las cosas son así", "yo tengo la razón", "yo soy esto y no lo otro", y las experiencias que tratan de entender lo que somos, en realidad son estados circunstanciales de ese momento. Las experiencias, lo mismo que las palabras, se escapan de las manos como agua, y aunque experimentamos la sensación en nuestra piel y recordamos la palabra agua, muy pronto la humedad y la sensación se desvanecen.

No tenemos un ego que exista por sí solo, pero sí en el sentido relativo, casual, convencional, que cotidianamente está haciéndonos creer que es eterno, independiente y que no cambia.

El ego es una acumulación impermanente y vaga de muchas cosas, es un producto creado. Se ha ido desarrollando por la interdependencia y comparación con los demás. Esto implica que no tiene una realidad autónoma, ya que necesita de los demás para existir. Entender esto nos lleva a aceptar que para que el ego exista se requiere de ciertas causas y condiciones que lo posibiliten y lo hagan existir. En sentido profundo, es una invención de nuestra mente, pero no tiene existencia propia; sufrimos cuidando algo que no tiene una realidad independiente. Aunque pensamos que es algo muy valioso y que cuidamos mucho, el ego más bien parece un perrito que nuestros padres, la sociedad, nos regalaron cuando empezaron a educarnos para infundirnos las ideas de "mío", "tengo", "feo", "malo", "bueno", "peligroso", "raro", entre otras. Antes no distinguíamos tales conceptos.

Ahora el perrito que vive en nosotros cree que es el dueño de esta casa, de este cuerpo, de esta mente y con su sistema reticular gobierna el espacio, mientras la casa sufre ante los impulsos y necesidades básicas del animalito. El perrito empieza siendo una tierna mascota que adquirimos con el deseo de favorecer la educación y la responsabilidad de nuestros hijos; deseamos que los niños se ocupen de él, que lo cuiden, lo alimenten, lo saquen a pasear, lo acompañen. El animalito crece, ensucia las alfombras, muerde los juguetes, las cortinas, las patas de los muebles de madera y todo objeto que se mueva; en el jardín, la sala, la recámara, el comedor y la cocina delimita su territorio con sus orines y excrementos. La presencia del perrito, la mayoría de las veces, termina siendo una carga para las personas. Los niños, y a veces algunos adultos, tratan al ego, al perrito, como si fuera un ser totalmente vulnerable: lo besan, lo acunan, lo engordan, le hablan como a un bebé.

En situaciones de incertidumbre, el aferramiento a la autoexistencia del ego se presenta con más confusión y es más difícil detectarlo, no nos damos cuenta de que sufrimos justamente por la presencia del sobrevalorado ego. Lobsang Tsultrim en su libro *Sobre la felicidad* (2001) nos aclara que:

> La ignorancia es una perturbación de la conciencia que nos impide ver la realidad tal y como es, manteniendo una visión equivocada de uno mismo, del yo, y también de todos los demás fenómenos [...]; debido a esta visión equivocada, hay un fuerte aferramiento a esa sensación de un yo que se percibe como autoexistente [...] y por ello [...] buscamos siempre y sobre todo, nuestro propio beneficio [...]; así surge un fuerte apego hacia todo lo que nos favorece y un fuerte rechazo hacia todo lo que consideramos nos perjudica.

La idea de un yo sólido se establece con más fuerza que nunca cuando se presenta una amenaza inminente a la integridad, al territorio, a los críos, a la sexualidad. Cuando nuestra sobrevivencia está en peligro, cuando reaccionamos iracundos, asustados, con tristeza, miedo o angustia aparece una fuerte sensación de "lo estoy sufriendo yo, me lo están haciendo a mí". El yo se manifiesta con absoluta solidez gracias a las sustancias generadas en los sistemas reticular y límbico, experimentadas como fuertes sensaciones en el cuerpo.

Si aceptamos, como lo hace el budismo[4], que no solo el hombre sino toda la naturaleza es interdependiente, podemos aceptar que no hay un ego, *una naturaleza propia* de las cosas ni de los fenómenos. Si reconocemos que todo es cambiante, que nada, un instante después, es igual ni siquiera a sí mismo, entonces podemos aceptar que nada *es así*; es decir, nada tiene una presencia o existencia fija. Todo es impermanente. Si podemos comprender que somos impermanentes e interdependientes, entonces podremos aceptar que nuestra felicidad es efímera e insustancial cuando no incluye a los demás (o peor aún, cuando les genera a otros sufrimiento). Sobre esa base fácilmente comprendemos que no podemos ser felices solos.

Las experiencias vividas con atención plena son la base desde la cual podemos empezar a forjarnos como mejores seres humanos. Estar atentos quiere decir relacionarnos con las cosas, las personas, las ideas, sin prejuicios, tal como son. Esta forma sencilla de estar en el mundo posee una singularidad que surge por el contacto total con las experiencias físicas, a través de las sensaciones y los sentidos. El maestro budista Chögyan Trungpa (2007) dice: "podemos llegar a ser completamente uno con el olfato, con la vista, con el oído, con el sonido, y nuestro conocimiento *sobre* ellos dejará de existir, nuestro conocimiento se volverá sabiduría". Si la atención es plena llegamos a sentir que todo está en su lugar. El beber agua se vuelve un estado total de admiración que fluye como si nosotros fuéramos no solo la boca, la lengua, la mano sino también la taza, el agua, la sensación de frescura. Cuando somos así, tenemos sensaciones agradables y gratificantes, nos fundimos en los actos, somos los actos. Somos "tocados" por la realidad, somos uno con ella. Al beber agua, nuestro ser está atento a todo lo que sucede; en cada sorbo perdemos la noción del tiempo y del espacio, pero ganamos la experiencia de vivirlo. El ego desaparece para dar cabida al todo; las cosas suceden sin que nosotros las controlemos; no buscamos los resultados, simplemente suceden. La amígdala deja de encenderse cuando no es necesario, y con ello el miedo, la tristeza y la ira desaparecen.

En agosto de 2004, cuando Lorena Ochoa ganó el torneo Kutztown de la LPGA, me envió un *e-mail* que decía:

> fue increíble, sabía que iba a ganar, lo sentía y simplemente dejé que las cosas sucedieran. Me sentí enfocada en lo que estábamos haciendo. Una de las cosas que me llamó mucho la atención es mi manera diferente de jugar con el corazón.

Un ejemplo por demás poético y clarificador de cómo sucede la atención plena nos lo narra Eugen Herrigel (1974) en su libro *Zen en el arte del tiro con arco*. Después de cuatro años de practicar a la luz de esa filosofía budista, después de un tiro el maestro hizo una profunda reverencia, y dijo:

> "*Ello* acaba de tirar", a lo que él agradeció con manifiesta alegría. El monje contestó: "lo que dije [...] no era un elogio, era solo una comprobación que no ha de tocarle. Y mi reverencia no estaba dirigida a usted, porque usted no tiene ningún mérito en ese tiro. Esta vez, usted permaneció, olvidado de sí mismo (sin ego) y de toda intención, en el estado de máxima tensión; entonces el disparo *cayó* como cae una fruta madura. Ahora siga practicando como si nada hubiera sucedido.

Cuando observamos a alguien que se encuentra en estado de plena atención, nuestros sentidos perciben sus actos como si resultara fácil lo difícil; el desempeño de una actividad compleja parece natural y sin mayor esfuerzo. En el cerebro de quienes manejan plena atención las tareas más desafiantes requieren un gasto mínimo de energía; la mente está fresca, abierta, capta y retiene sin esfuerzo. Tal estado se logra solo cuando desarrollamos plena atención. Las habilidades están tan bien ensayadas que disminuye la concentración forzada, y los circuitos neurológicos de nuestros tres cerebros son absolutamente eficientes. Para alcanzar ese estado de elevada eficiencia de la atención y del cerebro, se requiere el esfuerzo sostenido durante muchos años de práctica cotidiana. La mente, por sí sola, no podrá realizarlo si no está previamente dada la experiencia.[5]

El bienestar que sentimos en esos momentos no depende de la fama, el poder, el dinero o la belleza física. El neocórtex es la estructura mental y neurológica más exquisita y apta que existe sobre la tierra para guiar el mejor aprendizaje individual y social. El entorno en que nos desarrollamos afecta nuestros sentidos y estos al cerebro, de tal manera que somos, por ejemplo, potencialmente capaces de hablar cualquiera de los tres mil idiomas existentes en el mundo; en la vida práctica podemos hablar el idioma y entender los modismos de la región donde nos criamos. Las células espejo, los oídos, los ojos, la boca, la cara, el cuerpo entero están preparados para que en cualquier lugar del mundo podamos desarrollar nuestras capacidades al máximo.

La atención *per se* es solo el inicio, una condición sin la cual no podremos ser felices; es necesaria, mas no suficiente. Para contribuir a desarrollar la atención concentrada y manejar nuestras aflicciones, presento 11 técnicas en el "Programa básico de psicología autosustentable" anexo:

1. El arte del Zen
2. Conócete a tí mismo
3. Los ladrillos de la mente
4. Atención plena
5. Disuelve tus mentiras
6. Detén al enemigo
7. La guerra y la paz
8. Acaba con el "pobre de mí"
9. Se acabaron los cobardes
10. Apaga el fuego interior
11. La muerte del ego

Es necesario dominarlas para adquirir las habilidades y los estados mentales correspondientes. Entender la importancia de la atención y la felicidad es crucial, pero lo trascendente se logra cuando las experimentamos.

Ética budista

> *Si existe una religión que podría estar en concordancia con los imperativos de la ciencia moderna, esa religión es el budismo.*
> Albert Einstein

La felicidad que todos los seres vivos deseamos puede lograrse con disciplina a través de la meditación y la transformación de nuestros sufrimientos mentales, lo que para el budismo significa *purificarse*. Esto, apunta el Dalai Lama, "es posible cuando eliminamos la ignorancia que se encuentra en la raíz de todas las emociones perturbadoras".

El fin del sufrimiento, para el budismo, se logra cuando somos capaces de penetrar en la verdadera naturaleza de la realidad; ello constituye la piedra angular de la sabiduría.

La facultad de concentrarse, de poner atención plena, nos permite poner toda nuestra energía en un solo fenómeno. Pero ello solo es una parte del proceso. La otra parte implica una orientación moral muy estable: una vida mesurada y de servicio a los demás. Para muchos maestros budistas contemporáneos, la atención plena es algo más que poner atención y no tener confusión, piensan que la plena atención habría de incluir al *sati* (comprensión clara de los fenómenos y cautela) además de la capacidad de tener en cuenta todo lo que hemos aprendido que nos pueda conducir a la felicidad.

Hay tres caminos que se deben recorrer: el de la concentración, el de la sabiduría y el de la moralidad.

Los 10 principios de la práctica de la moralidad piden al practicante abstenerse de las acciones que son perjudiciales. Tres pertenecen al cuerpo; cuatro, al habla, y tres, al pensamiento. Las tres físicas son:

1. Quitar la vida a un ser vivo.
2. Tomar lo que no es concedido.
3. Conducta sexual desordenada.

Las cuatro verbales son:

4. Engañar a través de la palabra.
5. Crear separación de las personas.
6. Maltratar a los demás.
7. Hablar sin sentido.

Las tres mentales son:

8. Deseo de poseer algo que pertenece a otro.
9. Intención de hacer daño a alguien.
10. Opiniones equivocadas. Considerar inexistente algo que sí existe o viceversa.

Para el budismo estos son los fundamentos del camino. La segunda fase es la meditación. Esta lleva a la concentración necesaria para escudriñar la naturaleza de la realidad y, por lo tanto, a la sabiduría y a obrar con mesura.

Meditando sobre el amor, la compasión y el vacío de los fenómenos se desarrollan los antídotos contra las emociones y los estados mentales que nos perturban.

Bhante Henepola Gunaratana (2007) nos recuerda que:

> Cuando la temporalidad es clara, no esperas que el siguiente momento sea permanente; cuando la naturaleza insatisfactoria de las cosas es clara, no deseas que sea satisfactoria, cuando la naturaleza es impersonal, no tienes expectativas de que el momento ulterior sea distinto. Cuando hay ecuanimidad no hay el deseo de ver las cosas de otra manera que como son.

Hay una anécdota que ilustra con claridad lo importante que es la ecuanimidad, la mesura y la ayuda a los demás en el budismo. Nicolás, un amigo, invitó en 1998 a un monje Rimpoché, para que impartiera una conferencia introductoria sobre el budismo en Puerto Vallarta, Jalisco. La noche que llegó, mi amigo y yo paseamos con él por la playa. Era una noche muy clara. Durante el recorrido, caminando descalzos sobre la arena, miramos a la distancia una fogata y alrededor de ella a una veintena de jóvenes. El monje nos preguntó si podíamos acercarnos. Cantaban, reían, platicaban. Poco antes de llegar les llamó la atención la presencia del Rimpoché. Él les pidió permiso para sentarnos un rato con ellos. Después de una hora de convivir, uno de los jóvenes sacó de su mochila un cigarro de mariguana y lo encendió, lo fumó y lo pasó a su compañero del lado izquierdo. Discretamente el monje le preguntó a mi amigo qué era lo que hacían; "se drogan", dijo Nicolás. Cuando le pasaron el cigarro, Rimpoché lo olió, lo observó detenidamente y para nuestra sorpresa, lo fumó. Nico y yo no dijimos nada en los siguientes 20 minutos. El Lama siguió conversando mientras los jóvenes se reían más que nunca, no sé si por el efecto de la mariguana o porque él había fumado como ellos. Cuando más alegre estaba Rimpoché, dijo: "Ya nos vamos, fue un honor". Camino de regreso al hotel en donde nos hospedábamos, Nicolás, con voz pausada pero sin lograr esconder su desacierto, le preguntó: "Maestro, con todo respeto, ¿qué sucedió con la mesura?" Él lo miró a los ojos y le dijo suavemente: "Hay que ser mesurado hasta con la mesura". Aunque el monje nos había dado una profunda enseñanza, mi amigo, que no había fumado, seguía consternado. Unos pasos más adelante el maestro puso el brazo sobre el hombro izquierdo de mi amigo y le murmuró: "Mañana, seis de esos jóvenes van a ir a mi charla". Al día siguiente a las cinco de la tarde, siete jóvenes que habían convivido con el Lama asistieron, escucharon y disfrutaron sus magníficas enseñanzas. Si para ayudar a los demás había que ser mesurado con la mesura, el monje Rimpoché había estado dispuesto.

Citas Tao

Lao Tse considera también que la satisfacción espiritual se encuentra en la práctica de las virtudes humanas. Aquí reproduzco algunas citas de las enseñanzas de Hua Hu Ching:

Si das de manera generosa y anónima, iluminarás tu oscuridad interior y te beneficiarás a ti y a los demás.

Cantar no es más sagrado que escuchar el murmullo del arroyo.

Pasar entre tus dedos las cuentas de un rosario no es más sagrado que respirar.

Vestir hábitos no es más espiritual que usar ropa de trabajo.

Si rindes culto a deidades institucionales… acabarás buscando afuera lo que está dentro.

No traces diferencias entre lo espiritual y lo profano, que tu vida espiritual sea ordinaria.

Tu guía no te lleva a tu destino, solo te da un mapa.

Para un ser integral no hay yo y el otro.

No exageres la importancia del conocimiento. No seas víctima de los conceptos.

Si controlas tu mente, toda tu vida se armonizará.

La avidez por la iluminación es la misma avidez, el mismo veneno que tenemos por las riquezas materiales.

Si te aferras a una idea, otro luchará contra ella, al poco tiempo los dos estarán en conflicto con un tercero, después toda tu vida será puras palabras.

La claridad de la mente no se alcanza con solo meditar.

Cuando honras a tus padres, amas a tus hijos, ayudas a tus hermanos y amigos, cuidas a tu pareja, trabajas con alegría y responsabilidad; cuando comprendas las verdades y mantengas una forma ordinaria de proceder, entonces –y solo entonces– habrá claridad en tu mente.

Para el Tao, principio supremo del orden y de unidad del universo, una persona puede alcanzar la felicidad cuando logra tener una mente apacible, clara, generosa y alegre en la que no hay un yo y un otro. Una persona así, se comporta y trabaja de manera ordinaria, honra a los demás y las experiencias, más que las palabras, son la base de su sabiduría.

Última nota

Estoy convencido de que, además de la satisfacción de las necesidades físicas, la salud emocional es fundamental para ser feliz. Todos requerimos crear un amor y una sólida confianza hacia nosotros mismos para desarrollar nuestras capacidades como seres humanos completos, y así satisfacer las necesidades de manera creativa, productiva y solidaria.

Es imposible practicar la compasión hacia otros sin sentir amor hacia nosotros mismos. Si actuamos teniendo un sentimiento de automenosprecio, debemos reconocer que la motivación que mueve nuestros afectos es la baja autoestima o la avidez de que nos quieran. Damos, es cierto, pero si no recibimos lo que deseamos de la manera en que lo queremos, suele suceder que inmediatamente la ira, la tristeza o el miedo regresan, y con ello acaba la buena actitud que solo estábamos actuando. Si nosotros sentimos carencias, si estamos tan atentos a los sufrimientos del ego, es muy probable que no nos quede tiempo o seamos insensibles al sufrimiento de los demás.[6]

Una madre o un padre son seres reconocidos por su amor para ayudar a sus hijos en situaciones de peligro físico o psicológico. Pero, en muchas ocasiones, los padres podemos confundirnos. Pongamos el ejemplo de un adolescente que sufre, y en su desesperación para lograr un permiso grita y argumenta que todos sus amigos llegan a su casa los sábados tomados y a las tres de la mañana; después de una hora de discusión, la madre, cansada de los gritos, al igual que los demás sábados, cede y le da el permiso para que llegue tarde y se tome algunas copas.

Una madre o un padre así no son compasivos por acceder; el hecho de terminar la discusión o dar el permiso para que el hijo disfrute el fin de semana implica un mecanismo muy diferente. Si bien dejan de pelear en ese momento, en realidad sucede que la madre enfrentó el "fuego" del hijo como un bombero inexperto al que las llamas le asustan, ya que no cuenta con la claridad y el temple para enfrentar los impulsos del hijo.

Un padre es compasivo porque tiene un equipo emocional adecuado: casco, botas, traje contra el fuego, agua de reserva, mangueras y otros implementos necesarios, además de que planea cuidadosamente lo que ha de realizar en el próximo e inevitable incendio del sábado. Sabe que el fuego se va a seguir presentando si deja chispas, cigarros o papeles encendidos.[7] Un padre amoroso confía en sí mismo, en su juicio y habilidades para orientar a sus hijos ante los ávidos placeres y los cotidianos impulsos de los adolescentes.

Desde la claridad y la puntual atención en lo que realmente es importante se puede educar mejor que desde la tristeza, la angustia, la ira o el miedo. Las actitudes que solemos tener hacia nosotros de autocomplacencia o confusión las usamos generalmente hacia los demás, y la forma en que tratamos a los demás es con frecuencia la que usamos para con nosotros mismos. Si nos amamos y cuidamos tendremos más claridad para tratar de la misma manera a nuestros semejantes.

El auténtico amor para Thich Nhat Hanh (2000) "es la intención y la capacidad de ofrecer alegría y felicidad", la cual solo es posible si somos capaces de observar, escuchar y sentir profundamente a los demás. Es muy claro: si ponemos plena atención en sus verdaderas necesidades, podremos saber qué requieren verdaderamente para ser felices. Habremos de ser atentos y sensibles a lo que las otras personas, de acuerdo con sus circunstancias, necesitan para evitar el sufrimiento y estar alegres. Amar puede significar realizar apropiadamente una no-acción, ya que también podemos ofrecerles algo que no necesitan o que incluso les puede causar infelicidad. Muchas veces cansados, desesperados, por el deseo de control o por la presión que la otra persona ejerce sobre nosotros, hemos dado o hecho algo que no era lo mejor.

Si tenemos presente que todos los seres humanos estamos sufriendo de una manera u otra y que deseamos no sufrir y sí ser felices, podemos intentar comportarnos de manera similar con todos nuestros congéneres, ya que todos están sufriendo. Esto quiere decir que nuestro amor no ha de estar condicionado para darse solamente a aquellos que estimamos. Habremos de amar a las personas que nos benefician, que ya de por sí queremos, pero también a aquellos hacia quienes de alguna manera hemos sido indiferentes cuando sufren, que son la inmensa mayoría, y, aún más, hacia todos aquellos que nos han hecho algún daño.

Amor incondicional responsable no quiere decir que compartamos los bienes o servicios de los que disponemos de manera indiscriminada o irresponsable, a tal grado que los beneficiarios los puedan utilizar para dañar a alguien más o a ellos mismos como cuando, de buena fe pero sin poner atención, regalamos dinero en la calle al drogadicto o al borrachito del barrio, que inmediatamente corren a comprar sustancias para embrutecerse. Cuando actuamos así, las acciones de las personas pueden despertarnos desilusión, tristeza o ira. Regalarles comida, una cobija o llevarlos a un hospital público puede implicar el mismo costo y seguramente será más beneficioso, sin que esto quiera decir que nos apeguemos al resultado de nuestras acciones o esperemos algo a cambio.

Actuamos sin plena atención cuando, con el argumento de ser un padre incondicional, "ayudamos" a un hijo de 30 o 40 años, en pleno uso de sus facultades físicas y mentales, pagándole mensualmente la renta del departamento donde vive. Subsidiar las responsabilidades cotidianas de las personas capaces puede ser que a la larga no fomente el crecimiento, la independencia y la valía de quienes pretendemos ayudar. A veces nuestro inconsciente deseo de ser indispensables para nuestros hijos se vuelve más importante que el hecho de ayudarlos a ser libres e independientes.

Son innumerables los recursos que personas, instituciones y gobiernos han dado con las mejores intenciones y que han servido para crear dependencia y no felicidad. Hemos acabado con infinidad de especies, bosques, recursos no renovables, familias, hijos, objetos e innumerables cosas más por no actuar de manera amorosa responsable.

Muchos hemos educado a nuestros hijos como pequeñas princesas y príncipes, haciéndoles creer que merecen todo sin dar nada a cambio, sin darnos cuenta de que sembramos en ellos la semilla del egoísmo.

Algunos hijos al morir el padre, y algunas mujeres al fallecer el esposo adinerado han despilfarrado las fortunas heredadas por el hecho de haber recibido irresponsablemente lo que no merecían.

"Dar para sentirnos bien o para que alguien piense bien de nosotros o nos deba un favor corrompe nuestra generosidad".[10] Por todo ello, la mejor manera de dar es cuando otorgamos algo amorosa y responsablemente y no esperamos ninguna retribución.

El amor incondicional responsable nos permite conmovernos cuando sufren un hijo, un hermano, un amigo, un desconocido e incluso alguien que nos hizo daño. Nuestro sistema límbico se activa y nuestra neocorteza reflexiona: "¿Qué es lo mejor que podemos hacer?"

Si, por ejemplo, en la carretera presenciamos un accidente, nuestros afectos se activan inmediatamente; algunos son de tristeza, otros de miedo. Con un poco de reflexión aminoran, nos permiten actuar y podemos tratar de ayudar, siendo solidarios ante la desgracia y el dolor que presenciamos. Gracias a nuestras células espejo, la cercanía y la semejanza conmueven. Un terremoto, un ciclón, una epidemia despiertan, por la magnitud de los daños que causan, el deseo de ser compasivos.

Incondicionalidad responsable significa que no esperamos nada a cambio por lo que damos y, al mismo tiempo, implica que somos conscientes de que lo que otorgamos no está dirigido a aumentar el ego y el placer o a producir algún daño, sino a disminuir el sufrimiento verdadero.

A veces actuamos por ira, apego, miedo, tristeza o ignorancia y solemos desear muchas cosas que a corto plazo parecen irremplazables, necesarias, y creemos que sin ellas no podríamos vivir. Al poco tiempo desechamos aquello que parecía vital, nos damos cuenta de que no era indispensable y que solo nos ha distraído de nuestro camino. Regresar a buscar lo que es benéfico para todos y no solo para unos cuantos, es una mejor idea que fomentar la competencia y el individualismo consumista.

Si ponemos atención a lo que sucede en nuestro interior, seremos más libres de los poderosos condicionamientos emocionales y sociales que tratan de convencernos de adquirir lo que no requerimos, e incluso hasta lo que nos hace daño. Una frase cariñosa, alegre o compasiva de un padre, un hermano o un amigo puede disminuir la avidez, proporcionar confianza y tranquilidad a alguien que sufre, más que regalarle un quinto par de zapatos o una camisa muy cara.

No necesitamos sufrir las carencias materiales o emocionales de la otra persona para amarla; al sufrir como el otro podemos perder nuestra serenidad, y con ello la capacidad de ayudar verdaderamente. Una mente compasiva y clara no se encuentra abatida e incapaz por el sufrimiento. El amor incondicionalmente responsable implica un sentimiento profundo y genuino de ayudar, no un deseo de satisfacer los impulsos y la avidez y, con ello, provocar más confusión en la persona que amamos.[11] Cuando una persona sufre habremos de poder ofrecer lo mejor de nosotros mismos, y eso no puede lograrse cuando nos confundimos. Si nuestras perturbaciones mentales disminuyen podemos ser ecuánimes cuando la otra persona no lo es.

Después de que hayamos disminuido nuestras aflicciones emocionales, notaremos que nuestra atención puede controlarse; el sistema reticular no estará agitado. Cuando el sistema límbico (sus nobles emociones) y nuestra neocorteza cerebral están activos, podemos ser más sensibles, libres y claros para ocuparnos de lo verdaderamente importante; podemos, como bien apunta el Dalai Lama, poner plena atención, que para él significa "aplicar al presente la conciencia de las cosas que uno ha aprendido". En ese espacio de mayor paz interior y conciencia activa es factible aspirar a ser felices. Es también plausible ser compasivos, ya que el ego, en ese estado, tiende a convertirse en un *nosotros*.

Notas

Capítulo I

1. En "Orígenes y evolución de la conciencia", de Vicente Limón, podemos profundizar en cómo el materialismo y lo visible son más valorados que la mente. Artículo publicado en Julio Sanjuán y C. J. Cela, *La profecía de Darwin, del origen de la mente a la psicopatología.* Barcelona: Ars Médica, 2005.

2. Thubten Chodron sostiene que el sufrimiento proviene "de nuestra visión exagerada. Por tanto, si queremos parar el sufrimiento, tenemos que mirar la mente".

3. "Si las cosas mejoran, al cabo de un rato las damos por sentadas, pero si empeoraran, tarde o temprano también acabamos por aceptarlas en buena manera", cita de Richard Layard, página 224 de *La felicidad, lecciones de una nueva ciencia.* México: Taurus, 2005.

4. Eduardo Punset dice que nuestro cerebro se asegura de que nuestra percepción del mundo nos parezca fiable: "No podemos vivir en una permanente inseguridad ni podemos vivir en la duda constante". *El alma está en el cerebro. Radiografía de la máquina de pensar.* México: Aguilar, 2006, páginas 60 y 114.

5. Richard Layard es uno de los economistas más prestigiosos de Europa que deja a un lado las ideas filosóficas del bien común y los postulados sociales y éticos del siglo XIX. Sobre esas bases ya no nos exigimos preocuparnos por los demás para ser buenos ciudadanos. ¿Cómo ser felices si ya no podemos confiar en

los demás, si tampoco podemos tener un trabajo, una familia o un barrio seguro en donde nos miremos a los ojos con nuestros vecinos? ¿Si ya no caminamos ni buscamos interactuar cara a cara, sino que usamos cada vez más autos y pantallas electrónicas? Si creemos que somos autosuficientes, ¿cómo ser agradecidos con los demás?

6. "Las personas más brillantes pueden hundirse en los peligros de las pasiones desenfrenadas y de los impulsos incontrolables", nos dice Daniel Goleman en *Inteligencia emocional*. México: *Vergara*, 2007, página 54.

7. En *La práctica de la atención plena en nuestra vida cotidiana*. México: Editorial Pax, página 154, Banthe Henepola Gunaratana distingue lo que es el gozo o la excitación, de la verdadera felicidad.

8. Richard Layard proporciona en su libro *La felicidad, lecciones de una nueva ciencia*. México: Taurus, 2005, página 4, algunos datos estadísticos que vale la pena revisar a detalle.

9. Tenzin Gyatso, el Dalai Lama, va aún más lejos: "la meditación y la reflexión profunda sobre la naturaleza interdependiente de nuestro bienestar y de nuestros intereses podrían ser, en este sentido, de gran ayuda", nos refiere en *Sabiduría emocional*. España, Kairós, 2009, página 131.

Capítulo II

1. "A medida que vamos penetrando más profundamente en la naturaleza, tenemos que abandonar también, cada vez más, las imágenes y los conceptos del lenguaje usual", refiere Fritjof Capra en *El tao de la física*. Barcelona: España, 1990, página 71.

2. Eduardo Punset, *op. cit.*, escribe: "el cerebro computa aproximadamente once millones de unidades de información por segundo del exterior [...] a nivel consciente, podemos manejar unas cincuenta unidades por segundo [...] ni sería positivo atender al pensamiento lógico con semejante potencial informativo".

3. Thubten Chodron puntualiza en *Los factores mentales*. España: Dharma, 2004, página 29: "tenemos que tener cuidado con aquello que apreciamos, porque si apreciamos objetos que no merecen tal aprecio, podemos encontrarnos con problemas".

4. Banthe Henepola, *La práctica de la atención plena, op. cit.*, página 161, sostiene que cuando aprendemos a poner plena atención podemos notar el encadenamiento sutil e insidioso que nos provocan el deseo y el apego hacia las cosas o personas, en donde surgen sentimientos placenteros o desagradables y neutros.

5. Daniel Goleman, *Inteligencia emocional, op. cit.*, página 202, dice: "aquellos que tengan estos sentimientos crónicos serán presa fácil de la enfermedad".

Capítulo III

1. Más sobre la prevalencia de las estructuras superiores en el artículo de Vicente Limón, "Orígenes y evolución de la conciencia", en Julio Sanjuán y C. J. Cela, *La profecía de Darwin, op. cit.*

2. Julio Sanjuán *íbid.*, página 57, explica más sobre las distinciones entre sensaciones y percepciones, y su correlación con la dualidad mental.

3. Julio Sanjuán reporta en "La teoría de la evolución y la ciencia de la conducta", en *De la genética, la neurociencia y la conducta comparada*, página 16, el primer estudio donde se investiga la interacción entre genes, ambiente y predisposición a tener algún tipo de trastorno psiquiátrico.

4. Daniel Goleman en *Inteligencia emocional, op. cit.*, página 30, escribe: "Solo el amor poderoso que da la urgencia de salvar a un hijo querido podría llevar a su padre a pasar por alto el impulso de la supervivencia personal".

5. En "Orígenes y evoluciones de la mente, la dimensión histórica (y prehistórica) en el devenir de la conciencia", de Vicente Li-

món, página 66, del libro de Julio Sanjuán y C. J. Cela, *La profecía de Darwin*, podemos encontrar las bases neurocientíficas que explican estos conceptos.

6. Revisar a Camilo José Cela en su artículo sobre la evolución de la mente y por qué los humanos presentan conductas altruistas, cooperativas, entre individuos que incluso no tienen parentesco, en Julio Sanjuán, *op. cit.*

7. Para Choedak Yuthok en *Vida de pareja feliz*. España: Amana, 2007), página 99, cuando la mente no está tranquila no se puede ver todo lo que los demás nos dan, ni todo lo bueno que tenemos, y podemos llegar a pensar todo tipo de cosas negativas que no están sucediendo.

Capítulo IV

1. Daniel Goleman en la página 4 de *Inteligencia emocional, op. cit.*, dice: "cuando un elemento clave de una situación presente es similar al pasado, puede llamarle "igual", y es por esa razón que el circuito resulta poco preciso: actúa antes de que haga confirmación plena".

2. Cita tomada del libro de Lorena Ochoa *Soñar en grande, mi vida, el golf y cómo llegué a ser la número uno del mundo*. México: Grijalbo, 2012), página 80.

Capítulo V

1. En *Inteligencia emocional, op. cit.*, página 207, Daniel Goleman dice: "122 hombres que tuvieron un primer ataque cardíaco fueron evaluados para determinar su grado de optimismo o pesimismo".

2. Choedak Yuthok definió en su libro *Vida de pareja feliz, op. cit.*, 2007, página 32, la avidez o ansia como "la ambición de tener más y más cosas para satisfacer el deseo de sentir placer y confort".

3. En aquel famoso diálogo transcrito en el libro *Sabiduría emocional*. Madrid: Kairós, 2009, entre Tenzin Gyatso, el Dalai Lama, y Paul Ekman, el primero sostiene que las emociones no son destructivas en sí mismas, sino que pueden ser perjudiciales dependiendo del grado de adaptación a las circunstancias. En este sentido, las emociones irreales tienden a ser destructivas.

4. Daniel Goleman, *ibid.*, página 337, sostiene que "la mayor parte de las veces, podemos elegir, y elegimos, en qué pensar". Así como los recuerdos placenteros nos hacen sentir gozo, los pensamientos agresivos producen ira.

5. Paul Ekman afirma en Gyatso, *op. cit.*, que el "gatillo" que desencadena la emoción no son los acontecimientos perturbadores en sí mismos, sino la valorización que hacemos de ello.

Capítulo VI

1. Para el Lama Choedak Yuthok es necesario que, para entender a los demás realmente, reconozcamos las presiones y tensiones que los demás sufren y que los han llevado a comportarse de formas que no entendemos o no aceptamos.

2. Choedak Yuthok en *Vida de pareja feliz*, *op. cit.*, página 32, definió la avidez o ansia como "la ambición de tener más y más cosas para satisfacer el deseo de sentir placer y confort".

3. El Centro Universitario de Ciencias Económico Administrativas de la Universidad de Guadalajara, México, publicó en 2004: "para que una familia tenga el mínimo de bienestar debería tener una percepción del orden de los ocho salarios mínimos, es decir, alrededor de 16 mil pesos".

4. Thubten Chodron en *Los factores mentales*, *op. cit.*, explicó la importancia de los cinco sentidos que están presentes en todas las experiencias.

5. Paul Ekman cita en Gyatso, *Sabiduría emocional*, *op. cit.*, a Franz B. M. Waal, quien dice: "los monos despreciaban cierto tipo de

alimento de menor valía cuando a sus semejantes se les premiaba con otro de mayor valor, después de realizar la misma tarea".

6. Tenzin Gyatso, el Dalai Lama, en *ibíd.*, página 117, dice que existen otras formas de violencia, ya que la motivación de esas actitudes es engañar y aprovecharse, y esto puede empeorar las cosas.

7. En *ibíd.*, página 162, el Dalai Lama expresa que en este tipo de casos "debemos mostrarnos compasivos con la persona, con el actor, pero airados con la acción".

8. Las neuronas espejo, sostiene Eduardo Punset, son las encargadas de la imitación, y esta es esencial para transmitir el conocimiento y las habilidades sociales.

9. Paul Ekman llamó "resonancia emocional" al reconocimiento que nos permite sentir y recibir lo que los demás están experimentando en un momento determinado.

10. En el libro *La profecía de Darwin, op. cit.*, Julio Sanjuán cita en la página 127 a Nesse y Williams, quienes aseguran que "es mayor el costo de morir que de dar cien falsas alarmas. Por ello los sistemas evolutivos, para sobrevivir, han generado una tendencia a dar falsas alarmas", aunque muchas veces no sea del todo adaptativo socialmente hablando.

Capítulo VII

1. Trungpa Chögyam en su libro *Nuestra salud innata, un enfoque budista de la psicología*. Barcelona, Kairós, 2007, página 125, desarrolla la idea sobre la percepción de la mente y el yo a partir del darse cuenta de que existe otra cosa que no es ella misma; y con ello, la consecuente competitividad entre los seres humanos.

2. Para Trungpa Chögyam, con el fin de protegernos del ambiente desarrollamos el intelecto.

3. Eduardo Punset resalta aún más la importancia de las pautas perceptuales, acentuando los patrones informativos: "las señales que llegan a través de los ojos son idénticas a las que proceden

del oído o la piel. No hay sonidos, imágenes o sensaciones táctiles en el cerebro. La percepción del mundo es muy diferente en cada ser humano, pero eso tiene que ver más con la naturaleza del patrón".

4. Buda a través del *Noble Óctuplo Sendero* desarrolló la enseñanza para alcanzar dentro del budismo la plena atención y contesta la difícil pregunta: "¿Cómo dejar de sufrir?" Bhante Henepola en *La práctica de la atención plena, op. cit.*, profundiza en cada uno de los pasos del sendero.

5. Para el Dalai Lama "la atención plena consiste en aplicar al presente la conciencia de las cosas que uno ha aprendido", y Ekman agrega que "para hacer eso, uno debe tener cierto control, una metaconciencia".

6. Cuando nuestros propios intereses, nos dice Choedak Yuthok, "no se atienden adecuadamente, podemos inadecuadamente decir que nunca más vamos a ser generosos".

7. El Dalai Lama nos recuerda que "existen muchas personas que ante situaciones difíciles no pueden desarrollar la sensatez y la compasión, sino que se sienten abatidos y desanimados".

8. Thich Nhat, en *Enseñanzas sobre el amor,* Barcelona: Oniro, 1998, nos dice: "la sabiduría de la equitatividad" es la habilidad de considerar a las otras personas como a uno mismo [...] significa que incluso ante un problema con alguien somos capaces de mantenernos, (aunque nos incumba profundamente), impasibles, amando y comprendiendo [...] si no podemos seguir percibiendo lo que nosotros somos y el otro al que amamos no tendremos una autentica ecuanimidad".

9. Choedak Yuthok en *Vida de pareja feliz, op. cit.*, páginas 175 y 176, nos aclara que en realidad muchas veces como no hemos sido útiles, deseamos para que nos aprecien, que a través de los objetos que regalamos obtengamos el reconocimiento que no obtuvimos siendo amorosos. Y algunas veces tenemos una agenda oculta: queremos satisfacer nuestra necesidad de sentirnos dignos haciendo cosas por los demás.

10. Bhante Henepola en *íbid.*, página 41, dice: "Dar para sentirnos bien."

11. Desde un espacio mental de mayor claridad y tranquilidad podemos ayudar con mejor efectividad, asegura Bhante Henepola, *íbid.*, página 62.

Bibliografía

Atisha, Dipankara. *Una luz en el camino*. España: Dharma, 1999.

Bachelard, Gaston. *La formación del espíritu científico*. Buenos Aires: Siglo XXI, 1974.

——————. *El agua y los sueños*. México: Fondo de Cultura Económica, 1978.

——————. *La poética de la ensoñación*. México: Fondo de Cultura Económica, 1986.

——————. *La poética del espacio*. México: Fondo de Cultura Económica, 1992.

Capra, Fritjof. *El Tao de la física*. Barcelona: Sirio, 1990.

Chodron, Thubten. *Los factores mentales*. España: Dharma, 2004.

Choedak, Yuthok. *Vida de pareja feliz*. España: Amana, 2007.

Chögyam, Trungpa. *Nuestra salud innata, un enfoque budista de la psicología*. Barcelona: Kairós, 2007.

Feldenkrais, Moshe. *La dificultad de ver lo obvio*. Buenos Aires: Paidós, 1992.

Goleman, Daniel. *Espíritu creativo*. Buenos Aires: Vergara, 2002.

——————. *Inteligencia social, la nueva ciencia para mejorar las relaciones humanas*. México: Planeta, 2006.

——————. *La inteligencia emocional*. México: Vergara, 2007.

Gyatso, Tenzin, XIV Dalai Lama. *Pacificar la mente, meditación sobre las cuatro nobles verdades*. México: Oniro, 1999.

——————. *El arte de vivir en el nuevo milenio*. Barcelona: Grijalbo Mondadori, 2000.

———————. *La compasión y no violencia.* Barcelona: Kairós, 2000.

———————.*Océano de sabiduría.* Barcelona: Oniro, 2000.

———————. *El ojo de la sabiduría.* Barcelona: Kairós, 2001.

———————. *Mundos en armonía, Diálogos sobre la acción compasiva.* Barcelona: Oniro, 2001.

———————. *El arte de la compasión, la práctica de la sabiduría en la vida diaria.* Barcelona: Debolsillo, 2006.

———————. *Las cuatro nobles verdades, los fundamentos de la enseñanza budista y de su correcta práctica.* Barcelona: Debolsillo, 2006.

———————. *La sabiduría del perdón.* Barcelona: Oniro, 2006.

———————. *El camino hacia el nirvana,* Barcelona, Kairós, 2007.

———————. *El arte de la sabiduría,* Grijalbo, México, 2007.

———————. *Dzogchen, El camino a la gran perfección.* Barcelona: Kairós, 2008.

———————. *Los siete pasos hacia el amor.* México: Grijalbo, 2008.

———————. *Sabiduría emocional.* España: Kairós, 2009.

Henepola, *Bhante. La práctica de la atención plena en nuestra vida cotidiana.* México: Pax, 2007.

Herrigel, Eugen. *Zen en el arte del tiro con arco.* Buenos Aires: Kier, 1974.

Layard, Richard. *La felicidad, lecciones de una nueva ciencia.* México: Taurus, 2005.

Milgram, Stanley. *Obediencia a la autoridad.* Bilbao: Desclée de Brouwer, 2006.

Nhat, Thich. *Enseñanzas sobre el amor.* Barcelona: Oniro, 1998.

———————. *Sintiendo la paz, el arte de vivir conscientemente.* Barcelona: Oniro, 2000.

———————. *La ira, el dominio del fuego interior.* Barcelona: Oniro, 2002.

———————. *El arte del poder, el secreto de la felicidad plena.* Barcelona: Oniro, 2007.

Ochoa, Lorena. *Soñar en grande, mi vida, el golf y cómo llegué a ser la número uno del mundo.* México: Grijalbo, 2012.

Punset, Eduardo. *El alma está en el cerebro. Radiografía de la máquina de pensar.* México: Aguilar, 2006.

Ricard, Matthieu. *El infinito en la palma de la mano. Un diálogo entre la ciencia moderna y la filosofía budista.* Barcelona: Urano, 2001.

——————. *El monje y el filósofo.* Barcelona: Urano, 2005.

——————. *En defensa de la felicidad.* Barcelona: Urano, 2005.

Sanjuán, Julio, y Cela, Camilo José. *La profecía de Darwin, del origen de la mente a la psicopatología.* Barcelona: Ars Médica, 2005.

Situpa, Tai. *Despertar nuestro buda dormido.* Alicante: Dharma, 1999.

Sogyal, Rimpoché. *El libro tibetano de la vida y de la muerte.* Barcelona: Urano, 2006.

Springer, S. P., Deutsch. *Cerebro izquierdo, cerebro derecho.* Barcelona: Gedisa, 2000.

Tolle, Eckhart. *El poder del ahora.* Buenos Aires: Gaia, 2001.

Tse, Lao. *Tao Te King.* México: Fontamara, 2001.

Tsultrim, Lobsang. *El adiestramiento mental.* Alicante: Dharma, 2004.

——————.*Sobre la felicidad.* Alicante: Dharma, 2001.

Wangyal, Tenzin. *La esencia pura de la mente.* México: Pax, 2008.

Wilde, Oscar. *Aforismos y paradojas.* Colombia: Villegas Editores, 2001.

Zopa, Lama. *Transformar los problemas en felicidad.* Alicante: Dharma, 2000.

——————. *La puerta de la satisfacción.* Alicante: Dharma, 2003.

Acerca del autor

Federico Pérez nació junto al mar, en el puerto de Tampico, y parece haber nacido para descubrir lo que se esconde en las profundidades del océano.

Tal designio lo condujo a estudiar psicología, psicoterapia y una maestría en sociología. Su vocación marina se acentuó en 1977 cuando empieza a trabajar como psicoterapeuta en la Universidad Iberoamericana. En esa misma década descubre los tesoros de la hipnosis Ericksoniana y la programación neurolingüística. Afortunado espectro de su trabajo como capitán de navío, es el instituto que creó de Psicoterapia Sistémica de Occidente (IPSO) en el año de 1985.

En las rutas de la escritura, como siempre se ha orientado por las estrellas. En su primer libro *El Vuelo del Ave Fénix* nos muestra lo que sería el mapa de la verdadera navegación humana. En *El arco y la flecha de la sexualidad y el amor*, profundidad adentro, nos revela los secretos, sus reflexiones sobre el amor y la sexualidad. En su libro *Aprendiendo a cambiar*, intenta responder a la eterna pregunta de todo navegante extraviado: ¿Cómo llegar a buen puerto en esta vida? En su búsqueda por la armonía y lo estético a través de la metáfora escribe *Amarina y el Viejo Pesadilla y otros cuentos* y *Entre la abeja y el alma*. En su más reciente libro *Y así te salva*, explora su eterna travesía en las rutas del amor y el desamor.

Por todo esto que a la luz se encuentra y el trabajo silencioso, cotidiano y profundo con 15,000 pacientes a lo largo de 35 años de trabajo le otorgaron dos reconocimientos: el Premio Psicología Jalisco y el reconocimiento de John Grinder, por ser el principal desarrollador del la Programación Neurolingüística en nuestro país.

Contacto

Tel: (33) 31 22 18 29

E-mail: federicoperezcastillo@yahoo.com

Página web de ayuda gratuita: **www.animus.mx**